LES DROITS DE L'HUMANITÉ

CHARLES SECRÉTAN

TABLE DES MATIÈRES

Charles Secrétan	1
Préface	2
Introduction	3
QUELQUES PRÉCÉDENTS	11
DÉFINITIONS	21
LA GARANTIE DES DROITS	37
DROITS INDIVIDUELS	47
DROITS COLLECTIFS	57
DROIT DE FAMILLE	67
LA PROPRIÉTÉ	87
L'HÉRÉDITÉ	107
DROITS DÉCOULANT DE LA PROPRIÉTÉ	117
LA LIBERTÉ POLITIQUE	143
LA PAIX	159
APPENDICE	175

CHARLES SECRÉTAN

1815-1895

Juriste, enseignant, théologien protestant et philosophe suisse de renom, Charles Secrétan enseigna notamment la philosophie et l'histoire de la philosophie à l'académie de Lausanne. Il fut aussi collaborateur régulier du *Courrier suisse*, de la *Gazette de Lausanne*, de plusieurs revues de philosophie et de théologie en Suisse et en France, ainsi que membre correspondant de l'Académie des sciences morales et politiques de l'Institut de France.

En avance sur son temps à l'égard de certaines questions sociétales, il défend par exemple l'émancipation féminine et soutient les minorités religieuses, sur la base d'une position intellectuelle visant à faire de la liberté personnelle et de la solidarité les clés de la question sociale.

PRÉFACE

L'auteur a voulu dans ces pages, écrites à la demande de quelques amis, énoncer et justifier les vœux formés aujourd'hui par le public éclairé relativement aux droits qu'une bonne législation doit consacrer. Leur cadre est donc celui d'un traité de droit naturel, dont l'idée dominante serait que le droit naît du devoir, mais que le juge du devoir étant la conscience individuelle, l'accomplissement n'en est exigible par voie de contrainte que dans la mesure indispensable à la conservation des droits d'autrui. Nos conclusions pratiques sont déduites de ce principe, et la notion du devoir exposée dans l'Introduction, la seule partie du livre dont la juste appréciation demande peut-être au lecteur une attention quelque peu soutenue.

Voulant faire tout le possible pour empêcher les malentendus, si fréquents en ces matières, les idées rectrices sont rappelées et reproduites en toute occasion, d'où résultent des répétitions qui fatigueront la patience, mais qui ne laisseront pas l'essentiel passer inaperçu.

Cependant ce petit volume n'est point un traité scientifique ; il ne résume pas un système, il ne veut être qu'un programme des principales réformes à réaliser soit par la loi, soit par le concours spontané des volontés. Aussi les sujets les plus importuns sont-ils passés sous silence ou dépêchés en quelques mots lorsqu'il n'y a pas d'urgence à s'en occuper ou que l'attention générale ne s'étant pas portée sur eux, la discussion n'en offrirait aujourd'hui qu'un intérêt spéculatif. Ce que nous aurions voulu rendre sensible, c'est l'étendue des réformes qu'implique et que réclame un libéralisme effectif ; c'est plus encore peut-être la solidarité de ces réformes, afin qu'elles soient abordées de concert par tous les amis de la liberté.

INTRODUCTION
PRINCIPE DU DEVOIR. FONDEMENT DU DROIT.

À la prendre dans son ensemble, l'humanité n'est pas heureuse. Le plus grand nombre des individus qui la composent ne sont pas tels qu'ils devraient être, ils ne sont pas vraiment formés, mais ils peuvent se préparer à de meilleures destinées s'ils cherchent à s'en rendre dignes ; et le premier symptôme de progrès chez eux sera de connaître leur imperfection, de sentir leurs besoins.

Pour se rapprocher du but, il faut savoir où le but se trouve. L'homme n'est pas nécessairement le jouet d'une aveugle destinée, la fatalité ne saurait être qu'accidentelle ; nous pouvons quelque chose pour nous-mêmes, car nous avons des devoirs.

Que nous ayons des devoirs, nous sommes incapables de le prouver. Mais ce n'est pas une chose qui ait besoin d'être prouvée : toute la structure de nos lois et de notre vie, toute la connaissance que nous avons de nous-mêmes reposent sur le devoir. Avec lui nous sommes, sans lui nous ne sommes rien.

Nous avons des devoirs, qui se résument en un seul devoir : celui de nous réaliser nous-mêmes. Connaître notre devoir ou nous connaître est donc tout un. Mais nous ne possédons pas cette connaissance au début de notre carrière, nous l'acquérons graduellement, péniblement ; à chaque étape franchie, nous découvrons l'étape nouvelle, la cime qui reste à vaincre, et qui peut-être n'est pas encore le plus haut sommet. L'idéal est notre boussole ; sans idéal, ni l'individu, ni le peuple, ni l'humanité ne savent où ils vont et ce qu'ils font ; en cherchant la satisfaction présente, ils commencent peut-être à descendre une pente sur laquelle ils rouleront jusqu'au fond du précipice sans trouver où se retenir. Le mépris de l'idéal, décoré souvent des noms de sagesse pratique et de sens commun, n'est que l'aveuglement de la folie.

On ne saurait concevoir un idéal trop vaste, trop beau, trop parfait ; se proposer un but différent de la perfection telle qu'on la conçoit serait se détourner volontairement de la bonne voie. Mais une fois le but reconnu, il faut jalonner de son mieux le chemin qui nous en sépare, compter et mesurer les obstacles, fixer l'ordre dans lequel il convient de les attaquer, reconnaître en un mot ce qu'il est possible de faire dans le moment et dans l'état présent pour nous rapprocher d'une manière effective du bien que nous avons conçu. Le meilleur ou le moins mauvais possible dans les circonstances du présent, sérieusement et froidement considérées, sera l'objet pratique de notre effort ; mais sans la claire vision de l'idéal nous ne concevrions point ce mieux relatif, et de plusieurs maux nous choisirions peut-être le pire.

Toutefois, nous le rappelons, la perfection qui nous paraît absolue n'est que relative. Les éléments dont notre idéal se compose sont toujours suggérés, sinon fournis, par l'expérience de notre condition actuelle. Ainsi notre connaissance du bien à poursuivre et de la route à parcourir trouvera sa mesure dans les progrès réalisés jusqu'à ce jour.

Le droit découle du devoir, il faut que chacun de nous puisse accomplir la tâche qui lui est proposée, la tâche qui est sa raison d'être et qui proprement le constitue. Chaque individu, chaque peuple, chaque civilisation trouvent la mesure, le nombre et la définition de leurs droits dans la notion du devoir à laquelle ils sont parvenus.

Nous nous proposons dans les pages qui suivent de résumer d'après nos lumières les droits de l'humanité, tels qu'ils sont impliqués dans la civilisation occidentale et compris des hommes qui participent à cette civilisation. Proclamés par quelques législateurs, parfois sous-entendus, trop souvent contredits, l'opinion du public éclairé demande qu'ils soient reconnus partout et que la loi, s'inspirant d'une logique intègre, en tire partout les conséquences. Pour expliquer ce vœu, pour établir ces droits, il faut donc les appuyer sur la manière dont cette portion de l'humanité comprend le devoir. Si la formule nous en appartient en quelque mesure, nous pensons que l'idée en est, au fond, commune à tous.

Le devoir n'a rien d'arbitraire ; notre raison repousserait un commandement arbitraire, quelle que fût l'apparente autorité de celui qui chercherait à l'imposer. Le devoir est naturel ; notre devoir c'est notre nature même, ou plutôt notre nature c'est notre devoir.

Il s'agit de nous constituer, de nous développer, de nous réaliser, de nous manifester nous-mêmes. Notre nature, c'est ce que nous sommes destinés à devenir, et le trait distinctif de cette nature, c'est de nous sentir tenus à le faire. Nous sommes appelés à nous faire nous-mêmes et nous pouvons nous soustraire à cet appel ; nous nous sentons libres. Séduits par des raisons spécieuses, plusieurs contestent cette liberté, ce qui les conduit à nier le devoir ; mais ne souffrant pas qu'on touche au devoir, nous n'avons pas à discuter la liberté.

Notre nature est la liberté, notre devoir est de nous constituer, de nous établir dans la liberté, de maintenir avec un soin jaloux la puissance de nous déterminer qui nous inspire un légitime orgueil.

L'ivrogne, le voluptueux, l'ambitieux ne sont pas libres ; ils sont poussés, ils sont entraînés, ils ne se possèdent pas, leur passion les possède, ils sont contraints ; ils ne sont pas d'accord avec eux-mêmes et n'approuvent pas toujours ce qu'ils font.

En cédant à leur vice, ils se rendent toujours moins en état d'y résister ; finalement ils deviennent incapables de le juger et de se juger eux-mêmes. Une apparente unité s'établit, momentanément du moins, dans leur être ; mais s'ils pratiquent sans résistance et sans scrupule ce qu'ils faisaient d'abord en le condamnant, leur apparente liberté n'est qu'un esclavage, ils se sont réalisés d'une façon contraire à leur primitive essence, ils sont devenus d'autres êtres que ceux qu'ils étaient appelés à devenir, et cette contradiction entre leur nature vraie et leur nature acquise ne tarde pas à se manifester. Ainsi, l'homme a pour devoir de se constituer comme un être libre.

Il doit réaliser extérieurement cette liberté en élargissant sa sphère d'action, en exerçant, en développant ses facultés, en étendant constamment son pouvoir sur la nature par une connaissance de ses lois toujours plus étendue. Intérieurement, il réalise sa liberté en acquérant une possession toujours plus complète de son propre vouloir, de telle sorte qu'il ne fasse jamais rien sans l'approuver, soit, en termes équivalents, qu'il se détermine toujours par l'idée du bien.

Maintenant, qu'est-ce que le bien ? Pour répondre à cette question, il ne suffit pas d'en appeler à la conscience de chacun de nous, ainsi que le ferait volontiers le grand nombre, que l'abstraction et la réflexion fatiguent bientôt. Chacun se fait sans doute une idée du bien, mais chacun ne s'en fait pas la même idée, quoiqu'on aime à se figurer le contraire, et qu'on y parvienne en ne regardant ni trop au loin ni de trop près. Chacun se fait une certaine idée du bien, mais peu de gens se rendent compte de leur propre sentiment à cet égard, et pourtant il faut avoir du bien une notion claire, distincte et pleinement justifiée, pour en pouvoir tirer les conséquences sans tomber dans l'arbitraire et dans la confusion.

L'idée du bien pour l'homme doit, comme la notion du devoir de l'homme, se trouver comprise dans la conception de l'homme lui-même.

Quand nous assignons un devoir à l'homme, nous parlons, suivant le commun usage, de l'homme individuel, qui seul se perçoit lui-même, qui seul est perçu et qui dans ce sens, est seul réel. Mais cet homme, l'individu, ne subsiste que dans l'humanité, c'est-à-dire dans la collection et dans la succession des hommes individuels qui peuplent la terre. Ces hommes individuels, appelés par le devoir à se réaliser eux-mêmes tels qu'ils sont, sont-ils donc en vérité des êtres complets, indépendants, possédant en eux-mêmes les conditions de leur existence et de leur développement ? Ils ne le sont point.

Corporellement, chacun d'eux est une parcelle de matière organique détachée du corps de ses deux parents, pour grandir et pour se développer en s'assimilant par la respiration et par la nourriture les éléments du monde extérieur. L'humanité collective n'est donc point un amas de grains séparés, mais un tissu de fils continus et croisés en mille manières.

Mentalement, les facultés de l'homme individuel ne se développent que par imitation et par réaction, au contact de ses parents, puis de ses frères et de ses camarades. Le sein maternel est notre premier trésor, le regard maternel allume en nous la pensée, qu'il nous révèle, le baiser maternel fait sourdre en nous le flot de l'amour. L'homme ne comprend qu'en distinguant, il ne distingue qu'en formulant, il ne saurait formuler qu'au moyen du langage, et le langage est une invention collective. Prise dans un sens large, non comme une simple imitation des sons, mais comme un rapport instinctivement aperçu des mouvements extérieurs et des mouvements des organes vocaux, l'onomatopée est certainement le germe des langues ; mais ces rapports ne sont pas assez précis, assez rigoureux, assez exclusifs pour se fixer dans la mémoire de celui qu'ils auraient frappé le premier, s'ils n'étaient compris par d'autres et reçus comme signes d'une sensation d'abord, puis d'un objet et enfin d'une idée. L'individu ne parle donc, et par conséquent ne pense qu'avec le concours d'autres hommes.

Économiquement, l'enfant ne saurait subsister s'il n'est nourri et protégé par les adultes. Ceux-ci ne sauraient trouver isolément leur entretien sur la terre. Ils ont besoin de se réunir pour se défendre contre les animaux plus forts qu'eux ; la chasse et la pêche exigent un concert d'efforts pour devenir fructueuses, et du moment où les hommes se multiplient et sont contraints à cultiver la terre, ils ne peuvent la cultiver que si les récoltes leur en sont garanties, il leur devient indispensable de s'associer, et la patrie est fondée.

L'homme est un fabricant d'outils, il ne subsiste que par l'outil, mais tous ne sont pas capables de créer, de perfectionner l'outil dont tous ont besoin. L'invention d'un seul se propage et profite à tous, grâce à l'esprit d'imitation qui les anime. L'individu physique et moral ne subsiste que par la communauté, dans la communauté, comme celle-ci ne subsiste que par les efforts concertés des individus. Si quelques-uns parviennent à s'isoler, ce n'est qu'une apparence, car leur solitude même n'est garantie et ne devient possible que par le plus haut développement des institutions communes.

L'individu séparé n'est pas possible, l'individu n'est qu'une abstraction ; mais c'est dans l'individualité que le corps social trouve le progrès, la vie et la force. Il n'est donné qu'au petit nombre, au très petit nombre, d'être quelqu'un, de découvrir un îlot ignoré, d'inventer un procédé nouveau, de perfectionner un mécanisme, de formuler un théorème, de créer un rythme, un vers, une figure, une mélodie qui lui appartienne, de dire un mot qui fasse rire et n'ait pas été déjà dit mille fois. Nous sommes des copies de copies, et nous devons l'existence aux originaux. Ainsi l'individu, subsistant par l'ensemble, se développe au moyen des individus qui s'élèvent en quelque mesure au dessus du commun niveau.

Le devoir d'être soi-même, de s'aimer, de se vouloir, de se réaliser soi-même n'a donc pas pour objet l'individu dans un isolement impossible ; l'égoïsme est contradictoire ; il contient en lui-même le germe de sa destruction. Le bien que chacun doit vouloir et réaliser, c'est le maintien, l'affermissement, le développement de l'ensemble dont il fait partie. Le bien-être de l'ensemble est le bien moral, le but positif que l'individu doit se proposer pour tâche. Et ce bien-être de l'ensemble a pour condition le bien-être de ses membres, lequel consiste essentiellement à ce que chacun d'eux veuille l'ensemble.

« Je veux que nous soyons » c'est-à-dire, je veux que nous voulions ; je veux que nous nous voulions : telle est la formule abstraite de la vérité, qui est la charité, la justice au sens positif du mot justice.

Ce *nous* qui est le bien, ce nous qui est l'objet du devoir, ce n'est pas la famille, ce n'est pas le clocher, ce n'est pas la patrie, ce nous, c'est l'univers, dans la mesure où nous estimons pouvoir exercer quelque influence sur la direction et l'accomplissement des volontés dans l'univers. Et comme cette influence ne saurait déployer d'effet vérifiable que dans l'humanité, le *nous* qu'il faut vouloir pour se vouloir vraiment soi-même, le *nous* dont le bien comprend notre bien, c'est l'humanité. L'objet de notre devoir raisonnable, parce qu'il est impliqué dans les conditions mêmes de notre existence, c'est de travailler à l'accomplissement, à la manifestation de toutes les puissances physiques, mentales et morales de l'humanité, ce qui implique avant tout le développement de nos propres puissances, l'avènement de notre originalité personnelle, si nous possédons le principe d'une telle originalité, ce que l'effort seul peut mettre en lumière.

Être soi-même au service du genre humain : quel que soit le sentier par où l'on y monte, cette conception du devoir est commune à tous les civilisés ; ceux qui s'en écarteraient après l'avoir atteinte sortiraient de la civilisation, non pour la dépasser, mais pour retomber dans ces formes inférieures de l'existence et de la conscience que sert à désigner le terme de barbarie.

Le patriotisme, sentiment très fort et très doux, est une vertu plus ou moins ambiguë. La nature et l'histoire ont créé les nations, dont les diversités font en s'harmonisant la richesse et la beauté de la vie terrestre. Leurs oppositions s'émoussent, elles ne s'effaceraient pas sans dommage pour l'humanité ; mais leur antagonisme lui cause une perte incalculable.

Les frontières de la patrie bornent fatalement l'horizon du plus grand nombre. La patrie est la mère qui nous élève pour devenir des hommes possédant chacun leur valeur propre ; c'est le théâtre où les individualités peuvent se produire, le champ que nous pouvons travailler, la place où nous pouvons en général le plus aisément et le plus complètement nous rendre utiles. L'amour de la patrie est vénérable aussi longtemps qu'il est la forme naturelle de l'amour de l'humanité. Mais quand l'esprit national, quand la tradition nationale dictent nos jugements et pétrissent nos caractères, la liberté de l'esprit en souffre, les individualités s'émoussent et l'humanité s'en trouve appauvrie ; quand le patriotisme s'enorgueillit, il devient petit et ridicule ; quand il nous fait oublier ou méconnaître la justice, quand séduits par la passion ou trompés par l'illusion qu'elle évoque, nous préférons le bien d'un membre au bien du corps, le patriotisme dégrade et corrompt. Civilisation vient de cité, mais longtemps avant que ce mot fût introduit dans nos langages, les sages inspirateurs du droit dont procèdent nos codes modernes ne voyaient dans le monde qu'une même ville, dont les États particuliers figuraient à leurs yeux les maisons.

Chaque foyer avait autrefois ses Lares, chaque nation sa divinité protectrice ; les nationalités se sont formées sous une influence religieuse. Ces barrières qui les séparaient devaient tomber avec la pluralité des dieux, et les nations ne former qu'un peuple. La fusion n'en est assurément point achevée ; aussi bien le polythéisme n'est-il pas tant mort qu'il le semble. L'opposition des États modernes coïncide avec la renaissance des lettres antiques et la résurrection de la mythologie. Sous les masques divers de la dévotion, de l'athéisme et de l'indifférence, le culte de la patrie a remplacé chez un grand nombre le culte de l'Esprit créateur, et ces nouveaux dieux des armées sont aussi des dieux jaloux.

Cependant l'échange des produits, des idées et des services personnels ont fait naître chez nos contemporains le sentiment de la fraternité des peuples. Malgré l'opposition naturelle entre ceux qui chassent une même proie, malgré les savantes combinaisons imaginées pour soutenir un régime intérieur artificiel par l'artificiel appui d'ennemis héréditaires, dont on fait des institutions publiques en manipulant l'opinion, nous ne saurions plus voir des étrangers dans un Schiller, dans un Manzoni, dans un Tolstoï, dans un Shakespeare. Nous savons que les peuples sont faits pour se compléter et non pour se combattre. Nous savons que la guerre n'est pas seulement le plus fâcheux des accidents, ainsi que le chef d'état-major d'une grande armée en a fait récemment l'aveu, mais qu'elle est presque toujours un crime, et toujours l'indice d'une éducation morale imparfaite et d'une constitution sociale inachevée. L'étranger n'est plus un ennemi. Pour tout dire, il n'y a plus d'étranger et l'humanité cherche un organe.

La religion du patriotisme est un culte sanguinaire, dont se détournent les cœurs droits et les esprits élevés. Qu'ils croient marcher seuls ou qu'ils éprouvent le besoin d'une aide invisible, l'objet pratique de leur devoir et de leur dévouement ne saurait plus être que l'humanité tout entière.

Ils le savent, et cette connaissance obscure ou distincte de leur devoir leur apprend quel est leur droit. Ils ont droit au libre développement de leurs facultés personnelles, ils ont droit à une place où ils puissent appliquer ces facultés personnelles au service, à la construction de l'humanité. *Liberté, Solidarité*, telle est la nature humaine, tel est le devoir, tel est le droit.

QUELQUES PRÉCÉDENTS

I

« Au nom de Dieu, ainsi soit-il. Nous soussignés, fidèles serviteurs, par la grâce de Dieu, du roi d'Angleterre et d'Écosse, ayant entrepris, pour la gloire de Dieu, l'avancement de la foi chrétienne, l'honneur de notre roi et de notre patrie, un voyage à l'effet de fonder la première colonie dans le nord de la Virginie, reconnaissons solennellement et mutuellement, en présence de Dieu et en présence l'un de l'autre, que par cet acte nous nous réunissons en un corps politique et civil, pour maintenir entre nous le bon ordre et parvenir au but que nous nous proposons. Et en vertu du dit acte, nous ferons et établirons telles justes et équitables lois, telles ordonnances, tels actes, telles constitutions et tels officiers qu'il nous conviendra, suivant que nous le jugerons opportun et utile pour le bien général de la colonie. Moyennant quoi nous promettons toute due soumission et obéissance. En foi de quoi nous avons signé au cap Cod, le 11 novembre *anno domini* 1620. »

Cette charte, souscrite à bord du *May Flower* par une centaine d'hommes en quête d'un pays où ils pussent servir Dieu suivant leurs lumières, contient le germe d'un État fondé par une association volontaire en prenant pour base l'égalité des contractants, c'est-à-dire la substance des droits politiques.

Un siècle et demi plus tard, étant assemblés en congrès à Philadelphie, les descendants des Pèlerins et les délégués des autres colonies anglaises dans l'Amérique du Nord, qui déjà formaient les États-Unis, entreprirent de justifier devant le monde et devant l'histoire la révolte de leur pays. Dans cette déclaration solennelle, qui porte la date à jamais mémorable du 4 juillet 1776, l'énumération de leurs griefs contre le gouvernement de la mère-patrie est introduite par un énoncé de principes dont voici le texte :

« Nous tenons les vérités suivantes pour évidentes et incontestables :

» Tous les hommes ont été créés égaux.

» Le Créateur leur a conféré des droits inaliénables, dont les premiers sont le droit à la vie, le droit à la liberté, le droit au bonheur.

» C'est pour s'assurer la jouissance de ces droits que l'homme s'est donné des gouvernements, dont l'autorité devient légitime par le consentement des administrés.

» Lorsqu'un gouvernement, quelle qu'en soit la forme, tend à détruire les fins pour lesquelles il existe, le peuple a le droit de le changer, de l'abolir et de le renouveler en imposant au nouveau pouvoir les limites et en lui accordant les compétences qui lui paraîtront utiles pour son bonheur et sa sécurité. La prudence enseigne, il est vrai, qu'on ne doit pas lever la main contre les gouvernements établis pour des causes frivoles et passagères ; l'homme supporte volontiers les maux supportables plutôt que de renverser les institutions qui le régissent, mais si des abus prolongés, des usurpations répétées tendent à faire peser sur un peuple le joug d'une autorité absolue, celui-ci peut et doit abattre un tel gouvernement et chercher dans un autre régime la protection de soi-même et de ses enfants. »

Au commencement de la révolution française, le marquis de La Fayette, représentant naturel des idées américaines, jugea qu'une profession de foi semblable avait une place marquée dans l'œuvre que l'Assemblée constituante s'était donné la mission d'élaborer. Sa proposition fut agréée et, à la suite de longs débats, plusieurs fois interrompus, les articles suivants, déjà votés partiellement au mois d'août 1789, furent arrêtés par l'Assemblée nationale le 3 septembre 1791 et prirent force de loi par le serment royal le 14 du même mois. Avant d'aborder l'exposition des droits de l'humanité que le sentiment général nous semble réclamer en cette fin de siècle, il est à propos de s'arrêter un moment sur ce texte, dont l'esprit a suscité bien des mouvements et dicté les constitutions de l'Europe moderne, celles qui s'appliquent à le tempérer aussi bien que celles où il domine sans contradiction.

« les droits de l'homme et du citoyen

I. Les hommes naissent et demeurent libres et égaux en droits. Les distinctions sociales ne peuvent être fondées que sur l'utilité commune.

II. Le but de toute association politique est la conservation des droits naturels et imprescriptibles de l'homme. Ces droits sont la liberté, la propriété, la sûreté et la résistance à l'oppression.

III. Le principe de toute souveraineté réside essentiellement dans la nation. Nul corps, nul individu ne peut exercer d'autorité qui n'en émane expressément.

IV. La liberté consiste à pouvoir faire tout ce qui ne nuit pas à autrui : ainsi l'exercice des droits naturels de chaque homme n'a de bornes que celles qui assurent aux autres membres de la société la jouissance des mêmes droits. Ces bornes ne peuvent être déterminées que par la loi.

V. La loi n'a le droit de défendre que les actions nuisibles à la société. Tout ce qui n'est pas défendu par la loi ne peut être empêché, et nul ne peut être contraint à faire ce qu'elle n'ordonne pas.

VI. La loi est l'expression de la volonté générale. Tous les citoyens ont le droit de concourir personnellement ou par leurs représentants à sa formation. Elle doit être la même pour tous, soit qu'elle protège, soit qu'elle punisse. Tous les citoyens étant égaux à ses yeux sont également admissibles à toutes dignités, places et emplois publics, selon leur capacité et sans autre distinction que celle de leurs vertus et de leurs talents.

VII. Nul homme ne peut être accusé, arrêté ni détenu que dans les cas déterminés par la loi, et selon les formes qu'elle a prescrites. Ceux qui sollicitent, expédient, exécutent ou font exécuter des ordres arbitraires doivent être punis ; mais tout citoyen appelé ou saisi en vertu de la loi doit obéir à l'instant ; il se rend coupable par la résistance.

VIII. La loi ne doit établir que les peines strictement et évidemment nécessaires ; et nul ne peut être puni qu'en vertu d'une loi établie et promulguée antérieurement au délit et légalement appliquée.

IX. Tout homme étant présumé innocent jusqu'à ce qu'il ait été déclaré coupable, s'il est jugé indispensable de l'arrêter, toute rigueur qui ne serait pas nécessaire pour s'assurer de sa personne doit être sévèrement réprimée par la loi.

X. Nul ne doit être inquiété pour ses opinions, même religieuses, pourvu que leur manifestation ne trouble pas l'ordre public établi par la loi.

XI. La libre communication des pensées et des opinions est un des droits les plus précieux de l'homme ; tout citoyen peut donc parler, écrire, imprimer librement, sauf à répondre de l'abus de cette liberté dans les cas déterminés par la loi.

XII. La garantie des droits de l'homme et du citoyen nécessite une force publique ; cette force est donc instituée pour l'avantage de tous, et non pour l'utilité particulière de ceux auxquels elle est confiée.

XIII. Pour l'entretien de la force publique et pour les dépenses d'administration, une contribution commune est indispensable ; elle doit être également répartie entre tous les citoyens, en raison de leurs facultés.

XIV. Tous les citoyens ont le droit de constater, par eux-mêmes ou par leurs représentants, la nécessité de la contribution publique, de la consentir librement, d'en suivre l'emploi et d'en déterminer la quotité, l'assiette, le recouvrement et la durée.

XV. La société a le droit de demander compte à tout agent public de son administration.

XVI. Toute société dans laquelle la garantie des droits n'est pas assurée, ni la séparation des pouvoirs déterminée, n'a point de constitution.

XVII. La propriété étant un droit inviolable et sacré, nul ne peut en être privé, si ce n'est lorsque la nécessité publique, légalement constatée, l'exige évidemment et sous la condition d'une juste et préalable indemnité. »

II

Les textes que nous tenions à transcrire ici n'exigent pas un long commentaire. Les fondateurs de la République fédérative américaine ont borné leur exposition du droit naturel à ce qui leur semblait nécessaire pour justifier leur rupture avec la mère-patrie ; la Constituante française, en revanche, entendait poser didactiquement les principes de toute bonne législation. Ces principes se résument en deux mots retentissants, mais dont la conciliation n'est point aisée : Liberté, Égalité. Liberté pour l'individu de faire tout ce qui n'empêche pas le voisin d'en faire autant (art. IV) ou, suivant une définition moins étroite, tout ce qui ne nuit pas à la société (art. V). Entre ces deux formules tout peut passer : la première établit une règle fixe, l'autre laisse tout à l'arbitraire des appréciations personnelles. Telle est donc la liberté que les lois devront garantir.

Mais ces lois sont l'expression de la volonté générale : tous les citoyens ont qualité pour concourir à leur élaboration. Tous sont admissibles à tous les emplois (art. VI). Telle est l'égalité. La volonté générale accordera-t-elle effectivement à chacun la faculté de faire tout ce qui est compatible avec l'exercice du même droit de la part d'autrui ? Dans ce cas la liberté et l'égalité subsisteront l'une auprès de l'autre ; mais si la volonté générale, c'est-à-dire, en fait, la majorité, commande ce qui lui plaît et défend ce qui lui déplaît sans s'arrêter devant cette règle, la liberté des particuliers dissidents ne trouvera d'appui nulle part. La liberté ne subsiste donc qu'à bien plaire. La définition en fût-elle absolument nette et sans équivoque, l'omnipotence du nombre ne renverserait pas moins tous les abris dont elle chercherait à se couvrir, sans excepter ceux que lui voudrait ménager l'article XVI.

Inversement, si la liberté est vraiment respectée dans toute l'étendue compatible avec l'égalité des droits, n'est-il pas à craindre qu'elle engendre ou qu'elle confirme des inégalités de position suffisantes pour rendre certains citoyens absolument dépendants des autres et réduire ainsi l'égalité juridique et la liberté même à la condition d'un vain décor ?

Il est sans doute un peu tard pour faire observer que l'admissibilité de tous les citoyens à toutes les charges ne s'entendait pas bien dans la constitution d'une monarchie héréditaire. Il importe davantage à notre objet de constater que cette déclaration des droits de l'homme et du citoyen ne définit ni l'homme ni le citoyen. Cependant le sens exact de ces mots s'entend si peu de lui-même que la solution des questions les plus importantes dépend de la façon dont ils sont compris. Ce qu'on voit clairement, c'est qu'entre l'homme et le citoyen la déclaration fait une différence, le premier terme étant plus général que le second. Les droits de l'homme se rapporteraient donc aux rapports privés, à la famille, à la propriété, qui font l'objet des lois *civiles* ; tandis que les droits du citoyen, les droits *civiques*, ont trait à la constitution du gouvernement. La déclaration de 1789 ne porte en réalité que sur les droits civiques et néglige les droits civils ; elle dit bien que la propriété est sacrée, mais sans la définir et sans indiquer les objets susceptibles d'appropriation. Les constituants s'en tiennent donc au droit ancien sur ces matières. Si le rôle économique de la Révolution française s'est trouvé plus considérable en fait et plus durable que son œuvre politique, les initiateurs de la Révolution ne l'ont point voulu. Au surplus, en matière civile aussi bien qu'en matière politique, la Révolution, qui se piquait d'abolir les classes, reste l'œuvre d'une classe, faite au profit de cette classe, au profit de la bourgeoisie propriétaire, ou, pour parler la langue du temps, l'œuvre du tiers, au profit du tiers. En politique on a rarement, à cette époque, estimé que l'égalité des citoyens fût incompatible avec un cens électoral ; au civil, il était prescrit, jusqu'en 1868, que s'il s'élevait un différend entre le maître et son employé sur le chiffre du salaire promis et sur son paiement, le premier devait être cru sur parole. C'est ainsi que les fils de la grande Révolution avaient compris l'égalité.

III

La véritable conquête de 1789 est la consécration juridique de la liberté de parler et d'écrire que les siècles précédents avaient conquise en la pratiquant. Les nouveaux problèmes posés par les transformations économiques de notre siècle conduisent cette liberté de l'esprit critique à réclamer des droits nouveaux, et le développement des institutions politiques et militaires ne permet pas de fermer l'oreille à ces requêtes. La propriété s'émiette et la production se concentre. La fortune d'un particulier se compose d'un ou deux millionièmes de dix à vingt entreprises dispersées dans les cinq parties du globe, tandis que dans tous les pays industriels, des milliers de familles gagnent leur pain en secondant l'effort produit par la chaleur d'un seul foyer. Le droit applicable à ces conditions n'existe pas ; le droit régnant, calqué sur celui d'un empire où la production dépendait absolument du travail servile, est conçu tout entier, malgré l'egalité qu'il affiche, dans l'intérêt des propriétaires. Mais voici : les États ennemis, ne songeant qu'à grossir leurs armées, ont appris à tous leurs ressortissants, riches ou pauvres, le maniement d'une arme qu'il est toujours possible de se procurer. Mais l'émulation des partis rivaux dans les pays de gouvernement représentatif a fait accorder les droits politiques à des classes toujours plus nombreuses et, dans son reflux sanglant, la grande marée de 1848 a laissé le suffrage universel vivant sur la plage. La démocratie a voulu s'instruire, l'alphabet n'a plus de mystères pour elle, et le même intérêt unit dans la même pensée les populations du monde entier. Ainsi l'ébranlement causé par la Révolution de 1789, en donnant à l'Europe continentale les libertés politiques dont jouissait déjà la race anglo-saxonne, a rendu possible l'avènement d'un ordre civil conforme à de nouvelles conditions d'existence, il a permis l'affirmation de nouveaux droits que ne mentionne pas la déclaration de 1789, mais qu'entrevoyaient les législateurs du Nouveau-Monde lorsqu'ils présentaient comme inaliénable le droit à la vie, au bonheur, à la liberté.

DÉFINITIONS

Les droits de l'humanité : les lecteurs que nous ambitionnons d'atteindre et dont nous voudrions nous rendre digne sont des esprits simples, des esprits droits, qui cherchent sérieusement la vérité. De tels lecteurs nous sauront gré de commencer par définir les termes dont nous nous servons.

I

Qu'est-ce donc qu'un droit ? *Un droit*, dirons-nous, est une faculté qui peut nous être contestée, mais dont il n'est pas juste de nous priver et dont la loi doit nous garantir l'exercice. *Le droit* d'un pays est une législation à laquelle tous les habitants du territoire sont contraints d'obéir par la force que l'État possède ; mais on désigne sous le nom de droit naturel l'ensemble des règles dont la justice paraît réclamer l'adoption dans tous les pays. Nier l'existence d'un droit naturel, c'est donc nier la justice et poser en fait qu'il n'y a de règle du permis que l'arbitraire du législateur, c'est-à-dire de celui qui, dans un moment et dans un lieu donné, dispose de la plus grande force matérielle. Nier le droit naturel, c'est supprimer toute différence entre un pouvoir de fait et l'autorité légitime. C'est donc réduire le droit positif à n'être qu'un cas de force majeure, et si l'obligation de tenir un engagement contracté n'est pas de droit naturel, l'expression de *droit historique*, dont on fait de nos jours un si large emploi, n'est qu'une expression contradictoire. Notre titre nous place donc sur le terrain du droit naturel, il embrasse les compétences qu'un être humain peut s'attribuer suivant la justice, il annonce chez nous l'intention de formuler la manière dont, éclairé par l'expérience et par la réflexion, notre siècle expirant conçoit la justice.

II

Les droits de l'humanité. Ce titre n'est pas aussi clair que nous l'aurions désiré. Il semble s'appliquer à des droits que posséderait l'espèce comme telle, par opposition aux individus. De tels droits, s'il en existe, n'appartiennent pas à l'ordre des choses terrestres. En mettant, comme on l'avait pensé d'abord, « les droits de l'homme et de l'humanité », on ne ferait que pousser davantage à cette interprétation erronée. Les droits de l'homme, telle est l'expression consacrée pour désigner la matière de ces réflexions ; c'est aussi la plus exacte et la plus simple. Si nous y renonçons, c'est qu'elle prête malheureusement à la plus fâcheuse des équivoques. Le sacrifice nous en est imposé par l'ambiguïté significative du mot *homme* en français, ainsi que du terme correspondant en anglais et dans plusieurs autres langues de l'Europe ; si nous écrivions en allemand, *Menschenrechte* nous aurait suffi, et cependant les peuples germaniques ne sont pas moins intéressés que les autres à tirer au clair la question de savoir de qui l'humanité se compose. Les déclarations de 1789 ne font point mention des femmes. Celles-ci auraient eu peut-être sujet de s'en féliciter, s'il eût été possible de voir dans un tel silence une manière de reconnaître l'égalité juridique des deux sexes ; mais comme la suite des faits exclut absolument une pareille interprétation, il reste que le mot homme ne comprend pas la moitié faible de l'espèce dans cet acte solennel, suivant lequel la femme n'a par conséquent aucun droit quelconque. Il n'y a pas d'autre explication possible, et la législation ultérieure, d'accord avec la législation précédente, montre surabondamment que la dernière interprétation nous donne le sens véritable. Tout le champ que la loi concède au sexe asservi quant à la production et à la gestion des biens est mesuré soigneusement dans l'intérêt du sexe maître, qui ne pouvait pas serrer le nœud davantage sans s'imposer l'obligation de nourrir les femmes, ou sans accorder aux familles le droit de les supprimer ou de les laisser vivre suivant leurs convenances particulières. Ces deux alternatives n'étaient pas conformes à son intérêt. Mieux valait pour lui laisser la femme, dont il a besoin, gagner son entretien elle-même, dans une dépendance qui lui permît toujours de disposer d'elle à son gré. D'un côté tous les droits, aucun de l'autre : tel est l'ordre légal entre ces deux classes d'êtres appelés par la nature à vivre dans l'intimité et dans la réciprocité les plus entières ; école de violence et d'orgueil pour l'une, pour l'autre école de mensonge et de séduction, impossibilité pour toutes les deux, faute d'apprentissage et d'exercice, de développer harmoniquement l'ensemble de leurs facultés. Cette conception du genre humain forme la base et sera l'éternel opprobre d'un ordre de choses que le jugement infirme du plus grand nombre nous permet encore d'appeler civilisation. Nous aspirons à la liberté, et nous maintenons l'esclavage à la racine de toutes nos institutions. Nous nous piquons de justice, et sans nous en affecter, sans presque même nous en douter, nous consentons à ce qu'une moitié de l'humanité soit vouée à servir l'autre. Nous célébrons la paix, et jusque dans les plus intimes tendresses qui l'alimentent, notre existence repose en plein sur le droit du plus fort. Ces contradictions ne nous condamnent-elles pas à l'impuissance ?

On laisse donc à la femme *seule* le droit de posséder et d'acquérir, on lui accorde la licence de travailler à son compte, et par conséquent de contracter ; mais sa compétence ne va pas plus loin ; tandis que pour les biens de la femme mariée, la gestion et la jouissance en appartiennent à son mari, qui dispose également de son travail. Considérée collectivement la femme reçoit sa loi de l'autre sexe purement et simplement, sans exercer sur elle aucun contrôle ; et cette loi place individuellement la femme sous la dépendance du représentant de l'autre sexe dans la famille. Les semblants de droits dont elle jouit sont toujours à bien plaire ; à proprement parler elle est sans droits, et si les choses sont bien ainsi, quoique d'ailleurs il y ait des droits inhérents à la qualité d'homme, la femme n'appartiendrait pas à l'humanité.

Qu'en faut-il penser ?

Une évidence impérieuse porte cette question au premier rang, non-seulement dans l'ordre logique, mais aussi dans l'ordre d'importance. Pour qu'il soit possible de connaître et d'établir les droits de l'homme, il faut savoir à qui la qualité d'homme appartient. Eh ! bien, au mépris des vieilles lois et des vieilles coutumes, en dépit du code Napoléon et de la pratique universelle, nous osons penser que les femmes rentrent dans l'humanité, qui sans elles n'existerait point. Il est vrai que l'humanité n'existerait pas non plus sans l'air, sans l'eau, sans la terre et sans les végétaux que la terre porte, il est encore vrai qu'elle n'irait pas bien loin sans le feu, ni sans les animaux domestiques, peut-être même — question délicate, — n'aurait-elle pas pu se multiplier beaucoup sans nourriture animale, bien que son système dentaire ne la classe pas dans l'ordre des carnassiers. Mais si la femme est nécessaire à l'humanité, ce n'est pas seulement à titre d'instrument et de matière, c'est à titre de partie intégrante.

Les femmes ont une âme, quoi qu'en aient pu dire certains docteurs de l'Église, et l'âme de la femme est essentielle à l'âme de l'humanité pour l'exercice de ses fonctions les plus élevées. Il n'y a pas d'homme vraiment supérieur qui ne contienne une âme de femme. Sans elle il n'entendrait pas l'humanité, ni ne pourrait s'en faire entendre. Réciproquement il n'y a pas de femme propre à sa tâche de femme qui n'ait part aux mâles vertus. L'homme et la femme se complètent comme la tige et la feuille, non comme la statue et le piédestal ; ils sont différents, ils s'opposent, mais ils ne sont pas inégaux. Et s'il est opportun quelquefois de tenir compte de ces différences, ce ne peut être qu'en vue d'une pleine réciprocité. Pour le moment nous n'avons pas à nous en occuper.

III

Le premier droit, base de tous les autres, c'est le droit à la vie ; et comme, à le considérer dans son ensemble, le genre humain ne peut subsister que par le travail, chacun de ses membres a droit au travail, par où nous n'entendons pas que la société soit tenue de lui procurer une occupation rémunératrice, mais qu'elle doit éloigner de lui tout obstacle à l'exercice de ses facultés provenant de la volonté d'autres hommes, et ne pas lui refuser, du moins sans compensation, l'usage des instruments de travail offerts au genre humain par la nature. Le droit à la vie, la nécessité du travail, le droit au travail sont communs aux deux sexes, séparément et conjointement, car l'obligation d'entretenir leur femme n'atteint que les maris privilégiés.

L'entière dépendance économique d'un sexe vis-à-vis de l'autre ne se conçoit que sous la forme d'une servitude où le maître posséderait sur ses esclaves un droit illimité de vie et de mort, régime incompatible avec toute civilisation. Il vaut donc mieux que la femme gagne sa vie et qu'elle ait la responsabilité d'elle-même. Sa faiblesse musculaire, les interruptions de travail inséparables de ses fonctions naturelles la placent sous ce rapport dans une incorrigible infériorité. Il n'est pas juste, et sous aucun prétexte il ne saurait être permis d'aggraver cette condition par des infériorités artificielles. Si la femme n'est pas propre à certains métiers, l'expérience ne tardera pas à l'en instruire et le départ se fera naturellement. Aujourd'hui, sans doute, la nécessité contraint les populations ouvrières à faire toutes les besognes qui leur donnent un morceau de pain, et pourvu que l'ouvrage se fasse, l'entrepreneur s'inquiète médiocrement de savoir quel en est l'effet sur la santé physique et morale de ceux qui l'exécutent, moins encore sur la condition des générations à venir. Aussi comprend-on bien l'intérêt d'une loi qui défendrait d'employer les femmes à certains ouvrages, à certaines heures, en certains temps et en certains lieux, aux travaux dans les mines par exemple, ou encore aux travaux de nuit. De telles mesures peuvent être approuvées et recommandées lorsqu'il ressort de l'ensemble des circonstances que l'exclusion des femmes relèvera la position économique des hommes et des familles chargées de leur entretien, de sorte que leur propre condition s'en trouve réellement améliorée, mais non lorsque cette exclusion les prive de leur travail, si déplorable qu'il puisse être, sans les protéger efficacement contre le besoin. C'est affaire d'intelligence et de bonne foi dans l'appréciation des cas donnés. Aussi n'essayerons-nous pas d'apprécier les dispositions sur le service des femmes dans les ateliers auxquelles s'est arrêtée la conférence internationale de Berlin. Limiter la durée du travail qu'il est permis d'accorder aux femmes sans poser aucune obligation correspondante à l'égard de leurs concurrents déjà si favorisés, nous semble un bienfait équivoque. Sans aborder la critique des détails, le principe à l'énoncé duquel il convient ici de nous borner, c'est que l'infériorité du sexe féminin, son incapacité relative, l'impropriété de certaines occupations aux convenances esthétiques et morales dont notre éducation nous fournit l'idée, ne sauraient justifier l'exclusion de la femme de quelque travail que ce soit. Lui attribuer des devoirs, c'est reconnaître sa personnalité, c'est accorder qu'elle est un but. Ce point admis, si la société ne se charge pas de pourvoir à sa subsistance, elle ne peut pas sans se contredire et sans violer les plus simples éléments de la justice, lui disputer et lui rogner les moyens d'y vaquer elle-même. La sollicitude pour ses intérêts et pour sa dignité qui lui ferme une ressource quelconque sans lui fournir d'équivalent n'est le plus souvent que l'hypocrisie des privilégiés qui défendent leur possession.

Le règlement de la prostitution qui fait légalement de la femme sans pain un être sans droit n'a pu se produire qu'en raison de la nécessité permanente qui contraint des milliers de femmes d'offrir en échange de leur entretien la seule chose qu'elles possèdent. Quel qu'en soit le motif ou le prétexte, toutes les restrictions que la loi civile ou l'opinion met au travail des femmes dans quelque domaine que ce soit, tend à grossir le chiffre de la prostitution. Ces vérités sont si claires, si palpables, si écrasantes qu'elles pénètrent irrésistiblement dans les consciences et tendent de plus en plus à diriger la conduite des particuliers et des gouvernements, malgré l'opposition des préjugés et des intérêts. Qu'ils le confessent ou qu'ils s'en défendent, les hommes sont toujours disposés à résoudre les questions touchant l'autre sexe conformément à leurs intérêts particuliers ; mais dans les classes les plus nombreuses, qui sont aujourd'hui les classes dominantes, les pères de famille sont intéressés à ce que leurs filles trouvent le moyen de s'entretenir honnêtement, aussi n'est-il pas besoin d'en dire plus. L'émancipation économique de la femme, la parfaite égalité des deux sexes au point de vue du droit civil nous apparaissent au seuil des temps nouveaux qui se dévoilent comme une cause jugée et gagnée ; inutile d'insister pour y faire voir une conséquence indissolublement attachée à notre définition même de l'humanité.

IV

L'infériorité du sexe féminin, sur laquelle on fonde généralement son asservissement juridique, n'est qu'une infériorité musculaire, fondement du droit du plus fort. Le cerveau de la femme est aussi pesant, aussi volumineux que celui de son compagnon, proportionnellement au poids et au volume respectifs de leurs corps. Les différences psychologiques observées dans les classes supérieures de la société seulement, où les hommes reçoivent une instruction méthodique et approfondie dont les filles ont été jusqu'à ces derniers temps systématiquement écartées, n'auraient peut-être pas besoin d'une autre explication, et dans les classes vouées au travail manuel, qui composent la grande masse du corps politique, on ne constate pas d'infériorité pareille, bien loin de là.

Cependant nous ne songeons pas à contester que l'âme d'un sexe ne diffère moralement de l'âme de l'autre. Une pareille identité ne répondrait pas à la diversité de leurs fonctions naturelles ; l'observation ne parle pas en faveur d'une thèse qui, loin d'être indispensable à nos conclusions, tendrait plutôt à les affaiblir. Si les sexes ne différaient l'un de l'autre que par la force des bras, la complète subordination du plus faible serait toujours un mal sans doute, mais un moindre mal que celui qu'elle nous inflige en réalité.

Les sexes diffèrent parce qu'ils se complètent. Habile et soigneuse dans l'exécution d'un plan tracé, la femme a moins d'initiative, moins d'invention. Sans savoir le dessin ni les mathématiques, de simples ouvriers ont maintes fois trouvé le moyen de simplifier leur besogne en perfectionnant leurs outils, ou même de créer de nouvelles machines ; on n'en pourrait, semble-t-il, pas dire autant des ouvrières, leurs inventions ont fait peu de bruit. Dans les classes lettrées, les femmes s'exercent à la musique autant et plus que les hommes. Depuis peu d'années elles abordent la composition ; quelques-unes ont même fait représenter des opéras, mais elles n'ont pas donné de rivaux à Beethoven ou à Bellini, voire à Boieldieu. La jeune fille, en revanche, voit tout au travers du garçon qui, lui, ne la comprend pas. D'instinct elle possède la connaissance des motifs et des caractères, ce qui lui confère une véritable supériorité dans les fonctions administratives, lorsqu'elle trouve l'occasion de s'y employer. Plus fine, c'est-à-dire apercevant mieux ce qui se passe autour d'elle, elle est aussi plus adroite lorsqu'il s'agit d'introduire dans ce milieu son élément personnel, d'y faire accepter sa manière de voir et d'agir, de s'y faire agréer elle-même. Peut-être frappe-t-elle un coup moins fort, mais elle met le tranchant du coin sur la bûche et ne cherche pas à le faire entrer par le gros bout. Combien d'hommes font ce qu'elle veut tout en croyant suivre leurs propres idées.

L'intelligence de l'homme analyse, elle abstrait et se plaît à suivre les conséquences de l'idée abstraite, la femme embrasse instinctivement et d'un seul regard les éléments de la situation qu'elle examine : où l'homme cherche le texte applicable, la femme suivra l'équité, c'est-à-dire la charité lorsqu'elle est bonne, et lorsqu'elle ne l'est pas, son propre intérêt ou ses préférences. Nous la verrions siéger au corps législatif avec plus de confiance qu'au tribunal ; et cependant lorsqu'une accusée se trouve à la barre d'un jury purement masculin, est-ce bien encore le jugement par les pairs dont l'institution du jury devait procurer la garantie, et peut-on raisonnablement nourrir l'espoir que les motifs de l'action seront bien compris ?

L'homme sort, il combat, il invente, il acquiert ; la femme reste au logis, près des enfants, lorsqu'elle possède un logis, des enfants et du pain ; elle pacifie, elle exécute les desseins mûris ; elle épargne, elle administre les biens amassés et garde le trésor des traditions ; l'homme est naturellement le principe novateur, la femme est naturellement le principe conservateur dans l'humanité.

Ces observations ne sont pas neuves ; si d'aventure elles se trouvaient justes, il en suivrait des conséquences que notre civilisation n'a pas tirées. Le progrès nous est nécessaire, car tout ici-bas n'est pas aujourd'hui pour le mieux ; d'ailleurs, pour peu qu'ils observent et qu'ils réfléchissent, les admirateurs les plus convaincus du présent ou du passé se convaincront aisément que la stabilité n'est pas possible en ce monde : donc Progrès, mais le mouvement perpétuel n'est pas le progrès, attendu qu'il ne saurait rien produire. Il faut que chaque être et chaque institution aient le temps d'opérer leurs effets. Le progrès réel n'est possible que sous la condition d'une fonction retardatrice, qui permette à chaque invention de donner ses fruits et d'être ainsi vérifiée avant de greffer sur elle une autre invention. Inventer, imiter, c'est bien le tout de la vie. Si le rôle masculin est l'invention, le rôle féminin est l'épreuve et l'imitation, mère de la tradition. Mais alors n'est-il pas clair qu'on gâche tout lorsqu'on s'applique à confiner chaque sexe dans un département particulier ? N'est-il pas évident, au contraire, que leurs influences doivent se combiner et se marier dans l'industrie, dans l'éducation, dans l'art, dans la culture scientifique, dans l'Église et dans l'État, en un mot dans toutes les sphères de l'existence ?

V

Au surplus, à quelque conclusion qu'on s'arrête sur l'identité des génies ou sur leur différence ; que la différence aperçue implique ou non la supériorité d'un sexe sur l'autre, questions qui seront longtemps encore controversées, il reste certain que nous avons tous une mère, il reste certain que les qualités acquises par les parents se transmettent en partie à leurs enfants, de sorte qu'on naît généralement plus vigoureux dans une famille de laboureurs, plus adroit dans une famille de mécaniciens ou d'horlogers, qu'on naît souvent peintre de parents peintres et musicien de musiciens. Il reste certain que les aptitudes et les dispositions des mères ne se transmettent point exclusivement à leurs filles et celles des pères à leurs fils, mais que les qualités des deux parents et des ancêtres masculins et féminins des deux parents sont indifféremment transmises aux descendants des deux sexes, si même il n'y a pas croisement, comme on croit l'avoir observé souvent, et si les garçons ne ressemblent pas davantage à leur mère, particulièrement ceux qui sont arrivés à quelque éminence par leurs talents ou par leurs vertus. Il reste enfin que la mère est la commune éducatrice des deux sexes durant l'âge où les impressions sont les plus vives, où la mémoire est la plus forte, où la personnalité se constitue.

Dès lors il est clair que la culture intellectuelle et morale des mères exerce une influence décisive sur les capacités de tous leurs enfants ; il est clair que les progrès ou le déclin des générations futures, que l'avenir de l'humanité dans son ensemble dépend au moins pour moitié du développement acquis par les femmes. Mais les seules facultés qui se développent sont les facultés qu'on exerce, celles que vous comprimez chez votre compagne, vous les rabougrissez d'avance chez vos successeurs. Si l'éducation des femmes les rend frivoles, elles feront passer la frivolité dans le sang de tous leurs enfants. Malgré ses timidités apparentes, souvent affectées, la femme est plus brave que l'homme, puisqu'en se mariant, elle marche au-devant de douleurs certaines et s'expose sciemment au péril de mort. Aussi le courage physique ne décline-t-il pas sous leur influence, mais si leur position dans la famille les contraint à se protéger par la ruse et par le mensonge, la sollicitude la plus éclairée et la plus tendre ne leur fera pas transmettre des instincts de franchise en héritage à leurs fils. Nul sans doute n'imaginera que leur condition de dépendance et d'impuissance dans la société civile soit de nature à faire naître chez leurs enfants ce courage viril, cette énergie, dont le défaut se fait sentir de nos jours à peu près partout.

Ce sont donc les qualités essentielles d'un être intelligent et libre, la raison et la volonté que l'éducation, dans l'intérêt de l'humanité tout entière, devrait s'appliquer avant toutes choses à cultiver dans l'éducation féminine, et non des charmes qui, vus de près, sont des défauts. Ici encore, les différences se feront assez jour d'elles-mêmes, nul besoin de les exagérer par une culture artificielle.

Et ces facultés sérieuses, ces talents de direction, d'administration qu'il convient de développer, ils s'atrophieront en dépit de l'éducation la plus rationnelle, s'ils n'ont pas l'occasion de se déployer dans la vie. Il faut que les mères s'exercent à toutes les tâches où les portent leurs facultés, si l'on veut mettre leurs enfants en état de les mieux remplir.

Enfin que l'esprit des deux sexes soit pareil ou qu'il diffère, que cette différence hypothétique implique ou non l'infériorité de l'un des deux, ceci du moins est incontestable : le sexe asservi compte dans ses rangs un nombre quelconque de capacités éminentes, et ces capacités sont généralement perdues pour la société dans son ensemble, si même, à défaut d'un emploi légitime, elles ne se dépensent pas dans quelque emploi malfaisant. N'y eût-il qu'un esprit supérieur parmi les femmes contre dix chez leurs souverains, ce serait toujours dix pour cent de ses forces morales et sociales que la société perd en se privant de leur concours. Et dix pour cent serait-il une quantité négligeable ? Sommes-nous trop riches en talents et en vertus ? Avons-nous, dans la république, des sujets capables pour tous les emplois ? On ne peut répondre à cette question que par un soupir ou par un cri.

Donc en réclamant le droit de la femme, c'est-à-dire l'égalité, en demandant pour la femme l'accès à tous les emplois[1] ce n'est pas l'intérêt de la femme, c'est l'intérêt de son maître aveugle, de son maître infatué, de son maître imbécile, c'est l'intérêt de l'humanité tout entière que nous défendons. Jusqu'ici la loi sur la femme a été faite dans l'intérêt exclusif des hommes, à tel point qu'un grand nombre de ceux-ci ne comprennent pas qu'il puisse en être autrement. Mais cet égoïsme va contre son but ; en asservissant la femme, en mutilant l'esprit de la femme, l'homme se rend lui-même impuissant et malheureux.

Ceci est la plus grande question pratique imaginable. Il s'agit d'une moitié de l'humanité, il s'agit de la constitution même de l'humanité tout entière. Les questions de culte et d'éducation, de morale et d'art, de travail et de paix sociale, d'arbitrage et de paix internationale y sont renfermées. Aucune d'elles ne saurait être abordée avec succès tant qu'on ne sait pas de quoi l'humanité se compose et qui a qualité pour statuer. Les détenteurs des privilèges s'en doutent bien. L'immensité des intérêts engagés fait la force de ceux qui se refusent à la justice, et la franchise avec laquelle nous l'accusons est probablement maladroite. Mieux vaudrait peut-être, comme l'a fait entendre avec beaucoup de tact et d'esprit Mme Goegg au Congrès d'Émancipation de Paris, introduire le clou par la pointe, en concentrant l'effort sur les abus les plus révoltants. Notre excuse c'est que nous ne sommes pas des stratèges, mais des soldats. Le drapeau flotte, le soleil luit, la question se pose partout, elle avance partout, dans les pays neufs elle est presque liquidée. Le vin est tiré, il faut le boire.

Nous concluons donc que la différence des sexes est naturelle, non juridique. Nous estimons que la femme appartient à l'humanité, nous revendiquons pour elle tous les droits de l'humanité.

---

1. Des médecins dont nous ne discutons point la compétence disent que par un travail intellectuel intense la jeune fille se rend impropre à la maternité. C'est fort possible ; mais il n'est pas nécessaire, il n'est pas même opportun que toutes les femmes deviennent mères. Il appartient à chacune de choisir pour soi. Mais une culture, un exercice suffisant au plein développement de l'intelligence et du caractère ne sauraient nuire par eux-mêmes à l'intégrité des fonctions corporelles.

LA GARANTIE DES DROITS

On a vu de qui se compose cette humanité dont nous voudrions énoncer les droits. Ceux que nous réclamons pour elle ont besoin d'une garantie, parce qu'ils sont constamment menacés. Si les hommes observaient spontanément dans leurs relations ce qu'ils considèrent comme juste, s'ils faisaient d'habitude aux autres ce qu'ils voudraient qu'on leur fît, le droit naturel se confondrait avec la morale ; tandis que, dans le monde où nous vivons, il importe de les distinguer avec soin.

I

Il serait vain de fonder le droit naturel sur la justice et la morale sur l'amour, ainsi qu'on l'a fait quelquefois, de même qu'il serait vain d'opposer la morale de la justice à la morale de l'amour. L'un ne va pas sans l'autre : être juste envers quelqu'un c'est le traiter comme étant son propre but ; l'aimer, c'est faire de lui mon but à moi-même ; l'amour enveloppe donc la justice, et tout ce qui sous le nom d'amour s'écarte de la justice, n'est qu'une mauvaise contrefaçon de l'amour. Réciproquement, traiter quelqu'un comme étant son but à lui-même, c'est déjà le vouloir ainsi, agir en conséquence, c'est prendre pour objet, de sa volonté, pour mobile de sa conduite le respect qu'on doit à cette personne. Nos désirs, nos passions influent sur nos jugements aussi bien qu'ils sont déterminés par les représentations de notre intelligence, de sorte que nous aimant toujours nous-mêmes, nous ne saurions traiter nos semblables comme nous-mêmes si nous ne leur portions aucune affection ; les poids étant inégaux, la balance pencherait toujours du même côté. Ainsi la justice ne va pas plus sans l'amour que l'amour sans la justice.

Il ne nous serait peut-être pas difficile de faire comprendre que si l'homme se connaissait bien, c'est-à-dire s'il se connaissait comme membre d'un tout organique, dont la prospérité dépend de son effort et sans la prospérité duquel il ne peut pas vraiment prospérer lui-même, la considération de son intérêt personnel lui dicterait la même conduite que la justice et la charité. Mais en fait la généralité des hommes n'aime après soi que le petit nombre de ceux qui lui tiennent de près, elle observe médiocrement la justice et n'entend pas bien son propre intérêt. Il n'existe probablement aucun peuple qui ne se fasse quelque idée du bien et du mal, à notre connaissance il n'en est point qui observe approximativement les règles morales dont il admet l'exactitude. De sa nature, l'homme individuel est à la fois but et moyen, ces deux côtés de son être ne devraient jamais être séparés : par le fait ils le sont presque toujours. Chacun se prend lui-même pour but exclusif et cherche à tirer le meilleur parti possible des autres, tandis que de leur côté ceux-ci le considèrent comme un obstacle ou comme un moyen pour leurs fins particulières. Ne trouvant pas de réciprocité, celui qui voudrait régler sa conduite envers les autres simplement sur ce qu'il croit être le bien ne ferait pas le bien qu'il se proposerait et serait bientôt arrêté, c'est-à-dire bientôt brisé.

De cette universelle condition des choses humaines, qu'un penseur éminent, M. Renouvier, dont nous avons largement profité dans ce travail, appelle avec raison l'état de guerre, résultent trois conséquences fort importantes, et qui n'ont pas toujours été comprises, bien qu'elles semblent de nature à frapper tous les esprits.

C'est d'abord une transformation profonde, un inévitable abaissement de la morale pratique ; c'est en second lieu la séparation de la morale et du droit ; enfin c'est la nécessité d'établir un pouvoir capable de faire observer le droit par la contrainte.

II

Transformation de la morale : Non-seulement le bien idéal ne peut pas être atteint, il ne doit plus même être directement poursuivi. La charité croit tout ; mais celui qui croirait tout ce qu'on lui dit ferait le jeu de la fourberie ; celui qui refuserait de dissimuler à l'occasion deviendrait bientôt complice du crime. De même, celui qui s'empresserait de soulager toutes les souffrances encouragerait la paresse et la débauche. Les devoirs, qui, dans l'idéal, convergent tous, se contredisent dans la réalité de notre vie, le souci de notre conservation personnelle, qui est proprement un devoir, parce que cette conservation est nécessaire à l'accomplissement de tous nos devoirs, nous permet rarement de suivre jusqu'au bout les inspirations de la charité ; pour atteindre le même but il nous force à suivre d'autres voies. La morale effective consiste à balancer constamment des obligations contraires, pour les concilier lorsqu'il est possible, ou sinon pour satisfaire a la plus impérieuse aux dépens des autres. La règle du moindre mal se substitue au pur idéal du bien, et la casuistique, justement vouée au mépris ensuite de l'abus qu'on en a fait dans un intérêt étranger au bien général, reste, après tout, le seul guide et le seul flambeau de ceux qui veulent sérieusement obéir aux prescriptions de la conscience.

III

Séparation de la morale et du droit : le droit est la règle de ce qui est défendu, de ce qui est permis et de ce qui peut être ordonné ; les obligations juridiques sont exigibles Si la justice et la bienveillance régnaient ici-bas, l'idée d'un devoir exigible ne trouvant pas l'occasion de s'appliquer ne serait probablement venue à l'esprit de personne, tandis qu'elle s'impose aux plus débonnaires dans le monde que nous habitons. Chacun entend qu'à tout le moins on respecte sa vie, l'intégrité de sa personne, ses moyens d'existence et la liberté de ses mouvements. Sa conscience lui dit bien haut qu'il a le droit de réclamer toutes ces choses et d'employer la force pour les obtenir, s'il en est besoin. Sa conscience lui dit aussi qu'il doit avoir les mêmes égards pour ses semblables, bien plus : qu'il doit leur être agréable par ses procédés, qu'il doit les aider dans leurs entreprises, qu'il doit subvenir à leurs nécessités, qu'il doit les préserver des maux dont il les voit menacés, au risque de se mettre en péril lui-même. Est-il en droit d'exiger constamment la pareille et de prendre ce qu'on lui refuse ? Le penser, et disposer sa vie en conséquence de cette opinion serait instituer la guerre en permanence, ce serait aller directement contre le but proposé. Le départ des devoirs exigibles et de ceux dont l'accomplissement doit rester libre, la séparation du droit et de la morale s'impose donc dans la pratique de la vie. L'Église romaine, qui prétend gouverner les consciences et réaliser le bien moral d'autorité, distingue entre les devoirs proprement dits, dont il est nécessaire de s'acquitter pour obtenir le salut, et les œuvres de perfection, qu'elle conseille sans les imposer. Mais la conscience ne s'accommode point de cette doctrine. Elle n'exige pas de nous la perfection, mais elle exige que nous y tendions constamment, et ne connaît d'autre limite à l'obligation du bien que la limite du possible. Cependant la doctrine des œuvres surérogatoires repose sur un fond de vérité : la solidarité du genre humain ; mais elle ne l'exprime qu'imparfaitement, sans parler de l'abus qu'en fait la prêtrise dans son intérêt particulier. Il n'y a pas d'œuvres surérogatoires ; la conscience nous impose l'obligation stricte de faire tout le bien possible. Nos semblables, en revanche, n'ont pas qualité pour rien exiger de nous sinon de ne pas leur nuire volontairement ; et encore ce devoir négatif lui-même, ils ne réussiront jamais à l'imposer dans toute son étendue, ils ne pourraient pas même essayer de le faire sans amener des conflits inextricables et sans empirer la situation.

IV

Enfin ce minimum de justice dont nous avons un besoin rigoureux pour subsister, les individus ne l'obtiendront jamais par leurs efforts isolés. Dans cet état supposé qu'on a désigné sous le nom d'état de nature, chacun aurait toujours tout à craindre de son voisin, et comme l'art de la défense consiste à prévoir le danger, il n'est pas besoin de faire les hommes pires qu'ils ne sont pour comprendre que l'insécurité générale y serait la guerre de tous contre tous. Ce qui nous préserve d'une condition aussi misérable, c'est que chacun sait pertinemment que s'il s'écarte des chemins tracés par la loi, la loi l'atteindra et le punira selon toute vraisemblance. Nous ne pouvons donc pas nous contenter de cette législation intérieure que nous trouvons écrite aujourd'hui dans notre conscience et dont nous n'avons pas d'ailleurs à rechercher ici l'origine. Il nous faut des lois communes à tous, des lois promulguées et dont l'observation soit imposée par une force supérieure, c'est-à-dire par des chefs auxquels le peuple ait promis d'obéir, auxquels il obéisse effectivement en considération du profit qu'il y trouve, et qui aient le plus grand intérêt eux-mêmes à faire régner l'ordre dans la société, pour y conserver l'autorité, les honneurs et les avantages matériels attachés à leur fonction. Quelle que soit l'origine historique des gouvernements, laquelle varie beaucoup d'un pays à l'autre, ils ne sont conservés et ne subsistent qu'en raison du service indispensable qu'ils rendent par la sécurité relative qu'ils procurent aux particuliers. Aussi n'imagine-t-on pas qu'il fût possible de s'en passer, et quand le gouvernement vient à manquer, le premier soin de tous est d'en constituer promptement un autre. Mais comme un gouvernement n'est jamais qu'un homme ou un groupe d'hommes sujets aux mêmes infirmités, aux mêmes passions que tous leurs semblables, et, par conséquent, très disposés à se servir dans leur intérêt particulier, pour la satisfaction de leurs passions personnelles, du pouvoir dont ils sont investis dans l'intérêt de la communauté, il est essentiel que les gouvernements soient organisés suivant des lois fixes, qui offrent aux citoyens des moyens réguliers de prévenir et de réprimer au besoin leurs empiètements.

Les droits que nous chercherons à formuler sont donc les droits que la loi devrait garantir suivant la justice. Et dans le nombre nous aurons à distinguer d'un côté les droits des particuliers dans les relations qu'ils soutiennent entr'eux sous l'autorité du gouvernement établi, de l'autre leurs droits vis-à-vis de ce gouvernement, enfin le rôle qui leur appartient dans la constitution du gouvernement lui-même.

DROITS INDIVIDUELS

Nous venons d'indiquer, dans le précédent chapitre, d'où vient la nécessité pour l'homme de chercher une garantie aux droits que lui confère sa nature d'être moral sujet aux conditions physiques de l'existence ; et nous avons rappelé dans quelle organisation il va chercher cette garantie. Disons maintenant quels sont les plus essentiels de ces droits, sans prétendre en donner l'énumération complète.

I

Le droit général où sont renfermés tous les droits particuliers est celui d'être soi-même, le droit de se réaliser, qui comprend d'abord le droit à la vie, c'est-à-dire le droit au travail et à l'usage des fruits du travail, puisque cet usage est l'indispensable condition de notre existence. Nous y insisterons lorsque nous arriverons à considérer l'être humain dans ses rapports avec la nature, qui lui fournit son entretien ; pour le moment il suffit d'en marquer la place.

Au droit de vivre en acquérant, se joint immédiatement celui de protéger sa vie et son bien contre toute attaque, particulièrement contre celles dont nous menacent les besoins et les passions de nos semblables, le droit de défense, où nous avons déjà trouvé la raison de l'État, et dont nous ne sommes pas dispensés par là de parler encore. En effet, loin d'absorber et d'éteindre le droit naturel, la loi positive le laisse subsister ici dans sa forme première, parce que la garantie qu'elle procure est incomplète et ne supprime pas le danger. La loi, qui interdit en général de se faire soi-même justice, ne punit pas celui qui repousse et qui tue un assaillant sur le grand chemin ; elle ne punit pas non plus celui qui tire sur un voleur dans sa maison, peut-être même dans son verger, bien qu'on prétende mesurer le droit de défense à la gravité de l'attaque. Mais comme l'unique moyen de conjurer le péril serait souvent de le prévenir, en ôtant le moyen de nuire à qui nous menace, ce que la loi ne saurait permettre ; comme cette loi ne pourrait pas nous protéger contre ces dangers présumés sans gêner arbitrairement la liberté d'autres personnes, l'on conçoit et l'on éprouve que nous protégeant en général, elle nous découvre et nous paralyse en tel cas donné. L'habitude de porter des armes est dans certaines contrées la cause de meurtres infinis, mais l'interdiction en favoriserait singulièrement les assassins au détriment des gens paisibles. C'est un cas où les inévitables imperfections de l'état social se laissent toucher du doigt. Inutile de s'y arrêter, le sentiment public ne réclamant pas de réforme en cette matière. À l'état brut, le droit de défense n'occupe en civilisation qu'une place subordonnée. En revanche, nous avons déjà vu comment il entre dans l'ensemble des droits, auquel il imprime un caractère dont le discernement n'est pas sans importance, puisqu'il fait comprendre la différence entre l'idéal de la société juridique et celui d'une société vraiment morale.

II

Le développement de la personnalité morale implique la faculté d'aller et de venir, qu'il ne saurait être permis d'aliéner d'une façon permanente. Trop de gens encore, dans la société que nous connaissons, pourraient être tentés d'échanger cette liberté contre du pain ; mais les abus de tels contrats sont si prochains, la contagion si menaçante, que l'État doit interdire toute aliénation perpétuelle de la liberté, soit au profit des particuliers, soit au sien propre, et déclarer, pour cause d'intérêt public, tout engagement de travail personnel résiliable à court délai par chaque partie, lors même qu'à ne considérer que les contractants, les raisons d'en user ainsi seraient discutables.

La question de l'esclavage est trop complètement résolue dans la conscience publique pour qu'il soit à propos d'appuyer davantage. Ce qui mériterait peut-être examen encore aujourd'hui, c'est le droit d'un peuple ou d'un groupe de peuples à supprimer cette institution chez ceux où les mœurs la conservent, qu'il s'agisse d'empêcher la vente des hommes ou d'en punir l'acquisition. Mais ceci n'est plus proprement la question de l'esclavage, c'est celle de la colonisation, et la question de la colonisation conduit droit à celle de la propriété du sol tout esprit qui tient à l'accord dans ses jugements. Le simple fait d'occuper un territoire donne-t-il un droit sur ce territoire ? Faut-il que trois cent millions de blancs, quatre cent millions de jaunes meurent de faim pour laisser quelques milliers de Sioux et de Papous, voire quelques millions de nègres jouir librement des vastes solitudes qu'ils parcourent sans les utiliser, ou dont ils ne cultivent que de faibles parties ? Le droit d'occupation le voudrait ainsi, mais à ce compte toute colonisation serait criminelle, car toutes les terres habitables sont habitées, et les cessions attribuées aux chefs sauvages dans des documents qu'ils ne pouvaient pas comprendre et dont la teneur est un prétexte, ne sauraient donner le change à personne. Ceux qui les ont consenties n'auraient jamais eu qualité pour le faire et ne savaient pas ce qu'ils faisaient. Si l'on attribue une valeur juridique à la souveraineté des indigènes, il faudrait respecter leurs coutumes, car les considérations d'humanité ne sauraient prévaloir contre la justice. Mais en réalité le droit international a toujours quelque chose d'artificiel, il n'existe réellement qu'entre les États qui se sont reconnus réciproquement une personnalité juridique, hors de cette enceinte, il n'y a guère à considérer que les individus. En se plaçant à ce point de vue, attaquer et détruire le marchand d'esclaves et le négrier, occuper les territoires dont les chefs vendent leurs sujets ou leurs voisins, c'est secourir des opprimés, qui auraient certainement invoqué l'assistance de leurs libérateurs s'ils en avaient connu la présence et les intentions. Nous ne voudrions pas abandonner le terrain du droit, hors duquel il n'y a que tyrannie et confusion, mais nous estimons que les peuples civilisés sont en droit de supprimer le commerce des esclaves et l'esclavage lui-même, tout comme ils sont autorisés à se partager l'Afrique et les autres pays barbares, afin d'améliorer la condition matérielle et morale de leurs habitants, deux compétences qui n'en forment qu'une en réalité. Est-il besoin d'ajouter que cette compétence emporte un devoir, le suprême devoir de la solidarité universelle, qui nous presse de réaliser l'humanité par l'affranchissement de tous ses membres, sans en supprimer, sans en excepter aucun ?

III

Si la réalisation du bien moral, qui est le vrai bien, implique la liberté d'aller et de venir, à plus forte raison réclame-t-elle la liberté de sentir, la liberté de penser et de manifester ses sentiments et ses convictions scientifiques, politiques, religieuses, morales même, ou sur quelque sujet que ce puisse être, sans blesser la personne et le droit d'autrui. Nous ne parlons pas de la conscience, dont l'intimité se défend elle-même ; nous parlons de la liberté d'exprimer ses convictions par le geste, la parole et l'écriture, la liberté du prosélytisme et de la propagande. Elle peut faire et fait assurément beaucoup de mal, mais la contrainte en fait davantage.

Cette règle ne souffre qu'une exception, plus apparente que réelle : nous estimons en effet légitime et nécessaire l'interdiction des spectacles et des discours qui parlent aux sens pour exciter à la volupté. Ce n'est pas que nous jugions cette forme de l'immoralité plus répréhensible que toute autre, une telle opinion serait peu fondée et d'ailleurs ne justifierait pas la conclusion ; c'est simplement qu'en réalité l'interdiction de tels spectacles n'a rien à faire avec la liberté de penser. Celui qui prêche le meurtre et le vol pourra bien troubler les esprits, mais ses conseils ne seront suivis que par ceux qu'ils auront convaincus ; du moins l'exception serait-elle un cas de vertige assez rare ; tandis que l'image impudique agit sur les nerfs de ceux qui l'abhorrent autant, peut-être plus que sur les nerfs de ceux qu'elle enchante ; elle pousse à l'acte par une impulsion vraiment mécanique et produit un trouble profond et durable même chez ceux qui résistent à cette impulsion. Il s'agit donc ici de phénomènes pathologiques et d'une intoxication proprement dite. Il s'agit d'une atteinte à l'intégrité, à la santé, à la liberté du public, dont la répression s'impose à l'autorité, quelque restriction qu'on apporte à sa compétence. De telles exhibitions sont intolérables, et la vente, même en secret, d'une semblable marchandise constitue un délit de droit commun.

Mais empoisonner par suggestion, propager de mauvaises doctrines, se rendre désagréable aux gens susceptibles sont trois actes de caractères essentiellement différents. Aussi longtemps qu'elle n'entre pas dans la préparation d'un délit déterminé, la propagande des opinions les plus subversives ne saurait être poursuivie sans établir par là même l'autorité politique maîtresse des opinions, sans faire du tribunal et du pouvoir politique l'arbitre de la vérité, et sans rendre tout progrès impossible si l'on restait conséquent à son principe, ce qui, grâce à Dieu, n'est pas fréquent dans l'humanité. Est-il d'ailleurs besoin d'ajouter que l'autorité sacerdotale n'est qu'un pouvoir politique du moment qu'il met la contrainte matérielle à son service ?

Quant aux manifestations publiques de sentiments qui ne sont pas envisagés comme condamnables par eux-mêmes, pourvu que personne ne soit obligé de s'y associer et qu'elles n'obstruent pas la voie publique, nous ne voyons pas trop sur quel motif raisonnable on pourrait se fonder pour les réglementer ou les interdire, ou plutôt nous ne savons que trop combien les prétextes invoqués à cet effet sont lamentables et puérils. La vraie liberté, la liberté que nos cœurs désirent consisterait sans doute à faire ce qui nous plaît et à le faire faire au voisin, en l'empêchant de faire ce qui nous déplaît : malheureusement cette liberté ne sera jamais à l'usage que de quelques-uns, sinon d'un seul. Mais on s'est avisé depuis J.-J. Rousseau de la transporter à la majorité. C'est dans la patrie de cet illustre écrivain qu'on a trouvé bon d'interdire aux ministres des cultes de porter hors du temple le costume de leur profession, par égard pour les gens d'esprit à qui déplaît la soutane. La majorité fait de plein droit tout ce qu'elle veut, de plein droit elle interdit ce qui l'ennuie, parce qu'elle est la majorité. Cette politique est d'une simplicité merveilleuse. « Nous sommes deux, vous êtes un : la majorité décide que vous lui livrerez votre bourse, exécutez-vous ! » Mais si cette règle de conduite est bonne en matière d'impositions, la pensée en réclame une autre. Ainsi compris, le pouvoir de la majorité se réduit au droit du plus fort, et la majorité n'est pas toujours la plus forte ; de pareilles idées ramèneraient à l'anarchie par la route du despotisme. Suivant nous, les droits de la majorité sont des droits délégués, et n'ont trait qu'aux matières qui lui ont été formellement remises par l'acte constitutif de la société. Cette opinion contestée en principe, et peut-être un peu démodée, reste néanmoins indiscutable pour les pays où il existe une constitution écrite, et lorsqu'une telle constitution garantit formellement la liberté religieuse, par exemple ; cette liberté devrait, semble-t-il, l'emporter sur les caprices d'une commune, d'un quartier ou d'une troupe de polissons, même lorsqu'elle est formellement subordonnée à la conservation de l'ordre public, car l'ordre public n'est pas troublé par des chants et des prières, et garantir une liberté sous la condition qu'elle ne sera point attaquée ne peut s'appeler qu'une dérision d'assez mauvais goût.

La liberté religieuse a poussé son chemin péniblement, les motifs qui pendant des siècles l'ont fait proscrire n'ont pas encore perdu toute leur puissance, ils tiennent à la nature même de la religion. Le Dieu qu'on implorait autrefois était le Dieu national, le nôtre est le Dieu de l'univers. Le fidèle a besoin de s'unir personnellement à Lui, mais il a besoin que ses concitoyens, ses semblables, ses frères soient compris dans la même union.

Il en a besoin pour eux : c'est la charité, dont le prosélytisme est inséparable lorsqu'on est religieux, c'est-à-dire lorsqu'on voit dans la religion qu'on professe le plus grand des biens pour la génération présente et pour les générations à venir.

Il en a besoin pour lui-même, la solidarité qui nous enchaîne s'atteste au fond de son cœur. Il sait prier seul, mais il prie mieux avec l'assemblée, il a besoin de prier avec tout le monde ; l'humanité ne peut s'unir à Dieu qu'en étant unie avec elle-même. Le fidèle a donc besoin de faire partager ses sentiments ; il lui faut supprimer les fausses doctrines, et comme rien n'importe davantage que la vérité ; il ne reculera devant aucun moyen pour y parvenir.

Ainsi la lumière sort des bûchers. Les crimes les plus révoltants sont le contrecoup d'élans et d'actes sublimes, l'essence la plus exquise devient le plus redoutable des poisons. En forçant les gens d'entrer, le fanatisme n'oublie qu'une seule chose ; c'est qu'entrer de la sorte n'est point entrer, que la religion du cœur seule est vraie ; tandis que les cérémonies dont le cœur est absent sont abominables, et que la responsabilité du sang qu'il a répandu n'est rien devant la responsabilité des sacrilèges qu'il a fait commettre. Il est certain que la distinction entre la morale et le droit, et par conséquent toute liberté quelconque, jure avec l'infaillibilité ; mais si l'infaillibilité pouvait être discutée, nous lui signalerions ce qu'il y a d'absurde et de contradictoire dans l'idée d'un Dieu tout puissant qui ordonnerait d'imposer par la contrainte extérieure la profession de la vérité, quand il lui était si facile d'y contraindre intérieurement en imprimant à celle-ci le sceau de l'évidence.

Genève n'en a pas moins brûlé comme Rome. Mais enfin, si tordue et si faussée qu'ait été la conscience du monde chrétien par l'aveugle orgueil des Églises, elle s'est redressée, et l'indifférence aidant, elle a fini par comprendre. La liberté religieuse figure au premier rang des droits acquis à la civilisation. Partout la liberté religieuse est maintenant reconnue et pratiquée, à l'exception de la Russie et de la Suisse. En Russie, où l'intolérance est sinistre, tragique dans son impuissance, elle entre comme un élément essentiel dans la politique et dans la constitution du pays. En Suisse, où son effort ne va qu'au ridicule elle est contraire aux lois, aux déclarations des magistrats, à tous les intérêts publics et n'a d'autre sens que l'anarchie. Des magistrats éclairés, qui voudraient être pris au sérieux et qui le mériteraient mieux que bien d'autres, mais qui ont leur point d'appui dans la rue, sont naturellement fort embarrassés lorsqu'ils ne savent plus comment colorer les caprices de leur souverain.

En revanche, la liberté religieuse est reconnue à Rome, en Espagne, en Autriche. Sa cause est gagnée. Cependant on ne saurait méconnaître que le respect des opinions déplaisantes et du droit des particuliers à les propager par tous les moyens compatibles avec la liberté d'autrui suppose un niveau de culture si élevé qu'il serait imprudent de se fier aux apparences. La liberté religieuse en particulier ne sera jamais vraiment garantie que par la neutralité de l'État. Entretenir une église avec l'impôt levé sur tous les contribuables, tout en reconnaissant la liberté des cultes dissidents, est un compromis sans valeur logique et sans vertu morale. Supportant double charge, obligés de subvenir aux besoins d'une institution qu'ils jugent nuisible, les séparés sont constitués par ce régime en citoyens d'ordre inférieur, tandis que la sincérité des ministres qui acceptent les bénéfices du privilège peut toujours être soupçonnée. Si l'existence d'une église établie et la liberté de conscience ne sont pas incompatibles, il faut reconnaître au moins que ce sont des conceptions d'un ordre opposé, correspondant à des états différents de la conscience, à des phases distinctes de la civilisation. Mais le présent renferme-t-il jamais autre chose que les vestiges du passé mêlés aux anticipations de l'avenir ?

DROITS COLLECTIFS

I

Le droit de manifester son opinion dans toutes les formes qui ne constituent pas des délits par elles-mêmes renferme implicitement le droit de réunion. L'exercice de ce droit est dangereux, comme celui de tous les autres ; mais dans un état qui subsiste par la justice et pour la justice il ne saurait être limité préventivement aussi longtemps qu'il ne porte pas d'atteinte à la liberté des citoyens. Le soumettre à la permission préalable du magistrat, fixer d'avance le nombre autorisé des participants, c'est le supprimer, et lorsqu'on l'admet en principe c'est se contredire avec un abandon qui touche à l'impudence. Les restrictions légitimes ne sauraient être ici que des mesures temporaires, très exceptionnelles, et motivées sur les évidentes nécessités du salut public.

Il n'en est pas de même du droit de s'obliger, acte indispensable à la vie économique et morale, mais qui par sa nature atteint la liberté des contractants, et, suivant les objets auxquels il s'applique, peut toucher les intérêts d'autres personnes ou ceux de la société dans son ensemble.

Les conventions entre particuliers doivent respecter les droits des tiers et les principes sur lesquels est fondé l'état social. Tel est le sens de la loi positive qui frappe de nullité les stipulations immorales. Il vaudrait mieux dire les stipulations injustes, et c'est bien ainsi qu'on l'entend. L'interprétation littérale de ce dispositif établirait l'État juge et gardien de la morale, ce qui revient à prendre à la morale ce qui fait sa force et, pour tout dire, à la supprimer.

La légitimité du contrat suppose que les parties étaient libres d'y consentir ou de s'y soustraire et qu'elles comprenaient la portée de leur engagement ;

mais cette capacité ne saurait être appréciée que suivant des règles uniformes, et par conséquent assez grossières. Nous reviendrons sur cette matière en parcourant les principaux objets où de tels accords sont exigés.

II

Toute société volontaire est fondée sur un contrat. Nous désignons sous le nom de droit d'association la faculté d'instituer des sociétés permanentes entre un nombre indéfini de personnes pour la réalisation d'un but quelconque, religieux, politique, économique, esthétique, moral, scientifique ou de pur agrément.

L'association volontaire, c'est la civilisation, c'est l'humanité. L'État ne saurait l'interdire sans y suppléer, c'est-à-dire sans contracter l'engagement de réaliser par la contrainte toutes les fins de l'humanité, ce qui est impossible et contradictoire, puisque la fin supérieure de l'humanité consiste dans la communion volontaire d'êtres personnels développés par la liberté. Soumettre les sociétés particulières à l'autorisation du gouvernement, c'est tout livrer à son bon plaisir. Ainsi nous réclamons la liberté d'association comme un droit inaliénable.

Cependant on ne saurait contester qu'en grandissant, une société politique ne puisse acquérir des forces capables de mettre en péril l'ordre existant, qu'elle affiche son but ou le déguise sous un prétexte plus ou moins bien imaginé. Interdire à l'État de supprimer par mesure préventive une société dangereuse reviendrait presque à rendre sa défaite inévitable. Mais pour importante que puisse être la stabilité d'un gouvernement, il ne convient pas de lui sacrifier les raisons mêmes de son existence. Un pouvoir fondé sur la volonté générale trouvera dans l'organisation de ses partisans les moyens de résister à tous les assauts s'il ne s'abandonne pas lui-même. Et s'il s'abandonne, ou que son peuple l'abandonne, la perte n'en sera pas un mal sans

61

compensation. Il y a dans ce sujet des conflits dont la théorie ne saurait fournir une solution uniforme.

III

Cette considération nous conduit au dernier sujet auquel il nous semble nécessaire de nous arrêter dans la matière des droits personnels. Tous les droits ici mentionnés ont besoin d'être garantis par l'autorité publique, et leur garantie ne saurait être effective qu'au moyen d'un contrôle exercé par les citoyens sur le gouvernement. Quelle que soit l'origine historique de l'État, sa légitimité repose tout entière sur le consentement des citoyens, consentement dont on n'est certain que lorsqu'il s'exprime par des faits positifs.

Ainsi les droits civiques sont le complément et la sanction des droits privés. Ils ne sont pas autre chose, car le pouvoir de dicter à ses semblables ce qu'ils ont à faire n'appartient naturellement à personne ; aussi ne conçoit-on de motif raisonnable pour sacrifier à l'État une partie de nos libertés naturelles que le dessein d'assurer la part qui nous en reste. Mais l'État qui écarte systématiquement des affaires une classe de ses ressortissants se trouvera tôt ou tard conduit à leur refuser les droits précédemment énumérés et ceux dont il nous reste à parler, parce que l'exercice en deviendrait un danger pour lui. D'autre part l'État, et les citoyens actifs qui le composent ou qui l'administrent compromettent leurs plus précieux intérêts lorsqu'ils en remettent la gestion à des personnes notoirement incapables ou mal intentionnées, et les exclusions politiques se justifient toujours en alléguant que certains individus, certaines classes sont incapables ou qu'elles nourrissent de mauvais desseins. Ceux qui l'affirment sont eux-mêmes sujets à l'erreur, à la passion, et, sous couleur du bien public, on peut les soupçonner de défendre leurs privilèges. Si le désintéressement était la règle, il vaudrait mieux, sans contredit, remettre la chose publique aux mains des plus éclairés, la doctrine de ceux qui fondent la démocratie sur la bonté native du cœur humain est loin d'accuser une logique irréprochable ; mais l'histoire offre peu d'exemples d'une classe qui ait gouverné pour le profit des autres classes, ou qui ait mis seulement leur cause en balance avec son intérêt particulier. Dans ce sujet, aucune règle absolue ne se justifie devant la raison. La mesure des droits politiques est variable suivant l'état social. Il est des pays où la condition mentale de la masse est telle que les lui jeter à la tête serait se condamner à des siècles d'anarchie et de confusion. Mais sans être tous parvenus au même niveau, ceux auxquels ces réflexions sont adressées possèdent une culture assez homogène pour autoriser l'opinion qu'aucune classe n'y saurait sans injustice être réduite à la sujétion. Le service militaire obligatoire est établi presque partout dans notre Europe, et le droit de suffrage répond à l'impôt du sang. La guerre éclaterait moins souvent lorsque les pères et les mères des soldats seraient appelés à la décréter. Dans l'intérêt public, quelques conditions de capacité peuvent être réclamées, l'idée de subordonner les droits politiques à la possession d'une fortune ne saurait se justifier ; l'expérience a trop bien montré que sous un régime pareil les arrangements économiques se prennent au détriment du pauvre. Mais vouloir que tous aient part à la vie publique n'est pas nécessairement vouloir faire la part égale à tous sans distinction. Le mot : une tête, un vote n'est que le mot d'ordre d'un parti. Dans toute société librement formée, l'influence et l'autorité sont proportionnelles à l'importance des apports. L'égalité démocratique n'est pas un principe de droit naturel. Le petit nombre qui gouverne et qui croit sa liberté menacée n'a pas besoin de s'excuser lorsqu'il défend le pouvoir qui la garantit. Ce que l'équité lui demanderait, ce serait de rendre possible l'extension des droits politiques par les bienfaits de l'éducation, plutôt que de fortifier et de resserrer son privilège comme il l'a fait trop souvent et comme il sera toujours tenté de le faire. Le temps présent nous montre qu'il s'acquitte effectivement de ce devoir lorsqu'il en a compris la nécessité. Nous reviendrons plus loin sur cette matière.

Que les droits énumérés appartiennent également aux deux sexes, y compris le droit de suffrage, cela ressort suffisamment de la manière dont nous avons défini l'être humain. La femme est soumise aux lois ; elle doit pourvoir elle-même à son existence ; elle contribue aux charges publiques ; la compétence des majorités résulte des nécessités de l'ordre social, que tous réclament parce qu'il est un besoin pour tous : celui qui reconnaît ces vérités ne saurait en décliner les inévitables conséquences relativement au point soulevé. Il n'y a pas de proportion entre les raisons d'affirmer et les objections, pour sérieuses que celles-ci puissent être. Le service militaire n'en est pas une, les femmes pourraient y être appelées avec le plus grand profit, conformément à leurs aptitudes. Mais les détails d'application ne sauraient être discutés ici.

Le principe que les deux sexes doivent avoir part au gouvernement n'implique pas nécessairement qu'ils soient mêlés dans tous les parlements et dans tous les tribunaux. La question de capacité ne peut pas équitablement être préjugée, il appartient à l'expérience d'en décider, et l'expérience loyale n'en saurait être tentée avec des sujets élevés pour la servitude. La justice s'introduit dans l'éducation sous l'empire des besoins croissants qui obligent les familles de préparer leurs enfants des deux sexes à lutter pour leur existence économique. Lorsqu'en vertu de cette éducation, les femmes exerceront toutes les professions libérales, leur éloignement des Conseils n'aura plus de sens. Leur ouvrir l'Université, c'est leur ouvrir le Parlement dans un délai plus ou moins rapproché. Naturellement, pour que la qualité des femmes à prendre part aux affaires publiques soit reconnue, il faut tout d'abord qu'elles s'en soucient ; le mouvement dans ce sens qui s'est prononcé depuis quelque temps chez les peuples anglo-saxons des deux côtés de l'Atlantique ne s'est accusé dans l'Europe continentale que par quelques manifestations isolées. Lors de l'Exposition universelle de 1889, le Congrès international des œuvres et des institutions féminines n'a pas jugé opportun de formuler aucun vœu sur ce sujet. Le Congrès français et international du droit des femmes réuni dans les mêmes circonstances par les soins de Mlle Deraismes et de M. Léon Richer n'a pas obtenu le patronage du gouvernement[1]. En réalité, l'opinion n'est pas encore formée sur cette matière où la famille et les mœurs, le droit économique et la paix internationale sont si puissamment intéressés. On voit que le siècle prochain ne manquera pas encore de besogne. Cependant le mouvement vers l'égalité juridique des sexes se prononce de plus en plus dans tous les pays. La proposition signée par 145 députés de faire participer les femmes commerçantes à l'élection des tribunaux de commerce est, en France, un premier symptôme d'ébranlement. Toute chose veut son temps, et les pays accoutumés à marcher par à-coups et par révolutions violentes sont ceux où la routine prospère le mieux. Sans rien demander au présent, sinon peut-être quelque sérieux dans l'étude, nous rappelons que la sujétion de la femme est un simple fait de force, que les progrès de la civilisation générale et ceux de son émancipation marchent du même pas, que l'égalité juridique des sexes est un desideratum de la conscience morale et que les droits octroyés ne sont jamais qu'à bien plaire.

---

1. Voici les résolutions adoptées par ce Congrès, dont les délibérations ont été suivies avec le plus grand intérêt :
   1° Le congrès, pensant que la question du salaire des femmes et de leurs journées excessives ne peut être résolue que par des réformes légales et constitutionnelles, demande

l'émancipation civile et politique de la femme, qui donnera à l'épouse la disposition de ses salaires, et à la femme en général une représentation pour ses intérêts pécuniaires.

2° Que les institutrices aient un salaire égal à celui des instituteurs ;

3° Que toutes les femmes aient accès aux carrières libérales, qu'elles puissent exercer la profession d'avocat ;

4° Que les femmes soient admises comme employées dans les bureaux de l'Assistance publique ; que les emplois d'enquêteurs, de visiteurs auprès des nourrices, soient occupés par des femmes, sous la surveillance de doctoresses ;

5° Que la *police des mœurs* soit supprimée ;

6° Que le code soit revisé en ce qui concerne les femmes dans le sens de la justice et de l'égalité absolue.

7° Que l'article 344, interdisant les recherches en paternité soit abrogé.

DROIT DE FAMILLE

Les relations conjugales sont réglées par la coutume. Il n'est peut-être pas dans les rapports des sexes de combinaison possible qui ne soit, ou qui n'ait été loi quelque part ; il n'en est point qui ne se pratique ailleurs au mépris des lois. La sanction religieuse dont se couvraient autrefois les institutions civiles ne suffit plus à les protéger. Toutes les autorités sont suspectes ; rien ne se soutient par son propre poids. Plus généralement qu'à aucune autre époque, les hommes veulent savoir la raison de ce qu'ils font, plus encore la raison de ce qu'ils subissent, et si le domaine où nous pénétrons paraît défendu par la pudeur, il n'en est point sur lequel la diversité, l'arbitraire apparent des dispositions adoptées, la multiplicité des infractions, la distance du fait à la règle et le malaise universel fixent plus impérieusement l'attention critique.

I

À ne considérer que les êtres qui se rapprochent, tous les arrangements semblent loisibles, le choix entre eux ne saurait dépendre que des convenances, de l'utilité ; et l'on se demande si l'utile n'est pas singulièrement variable et s'il est bien nécessaire de choisir.

L'État trouvera-t-il dans son propre intérêt un motif d'intervenir ici par des prescriptions ? Mais cet intérêt coïncide nécessairement avec l'intérêt collectif des administrés. Au premier aspect il semble repousser toute gêne, puisqu'en nulle autre matière la règle posée ne subit autant d'infractions. Ici comme partout les conventions qui ne lèsent pas de tierces personnes doivent être autorisées et l'observation doit en être garantie. Une législation matrimoniale ne peut se justifier que par des motifs de droit.

Il ne faut pas chercher ces motifs dans la personne des contractants. Sauf le cas des mineurs, qui doivent être protégés contre la séduction et qui trouvent des tuteurs naturels dans leur famille, nul n'a qualité pour m'empêcher de me faire tort à moi-même. La polygamie implique sans doute une inégalité qui conduit à l'asservissement sur une pente assez accusée ; mais sans polygamie toutes les filles ne sauraient trouver des maris, et le succès des Mormons prouve qu'il ne manque pas de personnes disposées à subir cette condition. Il ne faut pas invoquer l'intérêt du public en général, l'obligation de servir cet intérêt n'est pas légale, et la rendre telle serait faire au public le plus grand tort qu'il soit possible d'imaginer, car ce serait priver tous ses membres de la liberté, le plus grand des biens. Les tiers n'ont droit qu'à la publicité des conventions qui établiraient des rapports permanents entre des personnes.

Cependant le droit exige que les rapports conjugaux soient régis par une loi. Ceux qui auraient un titre, pour la réclamer et dont l'intérêt autorise l'État à la faire, ce sont les enfants, c'est l'humanité future. L'enfant naît avec des droits ; l'humanité, qu'il continue et dont les pouvoirs publics sont l'organe, est strictement obligée de veiller sur leur intégrité ; c'est le droit de l'enfant qui commande à l'État de légiférer sur le mariage, et c'est dans l'intérêt de l'enfant que la famille doit être ordonnée.

L'enfant a droit aux soins d'un père et d'une mère : de cette simple vérité résultent la légitimité exclusive de l'union monogamique indissoluble, et l'égalité juridique des deux époux.

II

M onogamie : Ceux dont l'acte volontaire introduit un enfant dans le monde contractent par ce fait l'obligation d'en faire un homme, et par conséquent ils peuvent légitimement être tenus à se conserver ou à se rendre capables de remplir cette obligation. L'enfant a besoin simultanément de son père et de sa mère ; on peut donc réclamer en son nom que le père entretienne sa compagne pendant qu'elle vaque aux soins maternels, et leur union doit durer, en raison de la commune obligation qui les associe, au moins jusqu'à l'achèvement de leur tâche éducatrice par l'émancipation de leur dernier-né. Le droit de l'enfant à l'éducation paternelle exclut également la polyandrie et la polygamie : la première, parce qu'il faut que le père soit certain, et qu'une relation assez intime pour remplir son but ne saurait être collective ; la seconde, qui pour des raisons économiques sera toujours un privilège, parce que l'affection paternelle ne saurait se répandre sur un très grand nombre d'objets sans s'atténuer outre mesure, ni se répartir d'une manière équitable sur les enfants d'épouses inégalement aimées. Dans ce régime le père est trop loin de ses enfants pour les élever, trop loin de la femme pour avoir acquis dans son commerce les qualités qui pourraient en faire un éducateur. La mère n'est pas moins impropre à cette tâche, parce qu'elle ne saurait avoir acquis les qualités d'une véritable femme. Les distinctions que l'étiquette orientale établit entre l'épouse légitime et la concubine ne dissimulent pas le fait palpable que la polygamie implique l'asservissement, et l'esclave ne saurait atteindre dans l'esclavage la forme et les proportions humaines. Jouet charmant, parure éblouissante, fontaine de volupté, la femme esclave ne sera jamais une éducatrice, elle n'inculquera pas à ses fils le germe de vertus dont elle ne soupçonne pas l'existence.

Enfin la polygamie légale a pour conséquence inévitable des frères ennemis, des mères rivales et le massacre des parents ; tandis que simplement tolérée, comme en Occident, elle répand partout le mensonge et la ruine. Le libre amour, réclamé par les passions sensuelles et par l'égoïsme sentimental, se défend sans trop de peine en ce qui concerne les amants, mais il paraît inexcusable aussitôt qu'on songe au but même de l'amour. S'il naît un enfant de votre liaison, pourra-t-il nommer, pourra-t-il chérir son père et sa mère ? Pourrez-vous remplir véritablement les devoirs que vous contractez envers lui ? S'il n'en est pas ainsi, vous violez le plus sacré des droits. Dans la société présente nous devrions peut-être ajouter : Êtes-vous en mesure de lui donner la place et le rang qui lui appartiennent en raison du lien qui l'attache à vous ? Mais cette obligation est contestable : les lois et les mœurs de la société se modifient, les relations juridiques fondées sur la nature ne sauraient changer qu'avec la nature elle-même.

Les enfants ont droit à l'éducation ; ils ont droit à la famille, toute paternité hors de la famille implique une violation du droit, qu'il est naturellement impossible d'empêcher, et qu'il n'est pas toujours opportun de vouloir punir.

Nous ne demandons pas les rigueurs que nos lois ont édictées pendant quelque temps sous l'influence des clergés, mais nous n'estimons pas non plus que la distinction salutaire entre la morale et le droit conduise à les réprouver, et nous conviendrons franchement que leur tort principal à nos yeux consiste dans leur impuissance.

III

Égalité : C'est l'affection naturelle des parents pour leurs enfants qui conduit à la monogamie et à la perpétuité du mariage ; c'est le devoir des parents envers leurs enfants qui imprime à ces rapports un caractère d'institution juridique ou d'obligation sociale. Le même droit des enfants réclame impérieusement l'égalité des époux dans la famille. C'est l'accord des époux, non la volonté exclusive d'un des époux, qui doit présider à leur éducation. Ils ont besoin d'une mère qui soit une femme et qui soit traitée comme une partie intégrante de l'humanité. Leur mère est leur première, leur véritable éducatrice, le développement des facultés maternelles est la condition de leur propre développement. Mais un être éduqué pour la servitude ne saurait pas plus à Paris qu'à Bagdad en élever d'autres à la liberté, et si l'éducation de nos femmes ne les avait pas adaptées à leur servitude, elles ne consentiraient point à la subir. Comment une mère pourrait-elle aider ses enfants à comprendre leurs vrais devoirs et leur position dans le monde, lorsque s'ignorer elle-même est la plus indispensable condition de sa propre existence ? Obligée à mentir souvent, à dissimuler toujours, comment parviendrait-elle à leur inculquer la franchise ? La frivolité, la puérilité, ces imperfections natives que l'éducation devrait mettre tous ses soins à corriger dans la jeune fille, elle est réduite à les fomenter pour lui rendre sa condition supportable ; de sorte qu'en la qualifiant pour son rôle, ici de jouet, plus bas de servante, elle la rend impropre à sa tâche d'institutrice. L'éducation vraiment morale, en revanche, et l'instruction solide que l'opinion éclairée réclame aujourd'hui pour la femme au nom de la simple justice et de nécessités économiques inéluctables, sont incompatibles avec sa domesticité perpétuelle.

À travers ses variations et ses contradictions innombrables, notre droit nuptial est dominé par l'idée fixe que l'asservissement de l'autre sexe étant d'intérêt général pour le sexe qui fait les lois, il ne peut y être dérogé par des conventions particulières ; de sorte que ce que nous appelons un contrat de mariage ne peut être qu'un arrangement relatif aux biens des époux, sans toucher à leurs rapports personnels, sauf exceptionnellement pour des bagatelles, hors ce qui concerne la religion proposée aux enfants dans les cas de mariages mixtes. La subordination de la femme dans son intérieur est de droit public ; sans cette précaution, la position des époux dans la famille, leurs obligations réciproques et leurs compétences respectives pourraient être déterminées en modalités variables, suivant les convenances de chaque union.

Sous ce régime libéral, que l'équité réclame, tout porte à croire que les choses se passeraient comme elles font aujourd'hui dans les bons ménages, où chacun convient que les mœurs corrigent la loi, sans s'apercevoir que cet aveu condamne la loi. L'autorité resterait naturellement au mari dont le travail subvient aux dépenses de la maison ; mais dans cette flexibilité des arrangements, nous ne pensons pas qu'il dût être loisible à l'épouse de renoncer à sa part d'influence sur l'éducation des enfants et sur le choix de la carrière à laquelle ils seraient préparés. Ce n'est pas en effet de son droit personnel, c'est du droit de l'enfant qu'il s'agit ici. La mère ne peut se décharger sur personne des obligations qu'elle a contractées en lui donnant le jour. La nécessité de départager les voix dans le conseil d'une société normalement indissoluble paraît un sérieux obstacle à l'égalité légale où tend la civilisation. Mais c'est affaire aux contrats d'y pourvoir. Une fois conquise, la liberté se donnerait des formes, se frayerait ses voies, comme la prépotence a frayé les siennes. L'intervention du magistrat, celle du conseil de famille, devraient, nous semble-t-il, être évitées, sinon dans les cas extrêmes, où le mariage est de fait momentanément dissous, pour obliger les époux désunis à choisir l'arbitre sur le nom duquel ils seraient tombés d'accord spontanément en tout autre circonstance.

Ainsi le droit matrimonial, où la licence du chef ne s'arrête aujourd'hui que devant quelques faibles barrières, destinées à la conservation des héritages, trouverait un principe, une idée maîtresse, un fil conducteur dans le droit des enfants nés ou à naître, c'est-à-dire dans la solidarité des générations, dans le droit universel de l'humanité collective et dans l'intérêt de l'avenir. Les enfants ont droit à un père et à une mère véritables, et il ne peut être satisfait à ce droit que par l'indissolubilité de l'union conjugale et par la monogamie. Ils ont droit à la protection de leur mère comme de leur père, et l'obligation que ce droit impose à l'épouse lui interdit le sacrifice de l'indépendance qu'elle possède naturellement à titre de personnalité responsable.

Les enfants ont droit à l'éducation maternelle, et la responsabilité qu'elle entraîne presse l'aspirante à la maternité de poursuivre elle-même une culture incompatible avec l'asservissement. Le droit à s'instruire, à se développer, à réaliser les forces qui dorment en elle, ce droit à vivre qu'elle-même acquiert en naissant implique une obligation juridique à l'égard de la génération suivante. Et de grâce qu'on n'allègue pas l'inégalité des aptitudes, qu'on n'invoque pas la physiologie pour décliner l'égalité des droits ! Nul juge impartial ne saurait voir autre chose dans cet argument qu'une manière hypocrite d'en appeler à la force matérielle. Les indications de l'anatomie,[1] d'ailleurs fort ambiguës, ne sauraient suppléer à l'expérience. Mais la femme n'a pas donné sa mesure et n'a jamais pu la donner. Qu'on lui ouvre d'abord toutes les écoles et tous les emplois, alors seulement on saura sur quoi porte et jusqu'où s'étend l'inégalité prétendue. Il serait absolument vain d'alléguer pour se soustraire à ces réclamations que la place naturelle de la femme est dans la famille, lorsque des millions de femmes n'ont point de famille et qu'on ne fait rien pour leur en adoucir la privation. Ce qui nous paraît fort évident, au contraire, c'est que la femme a besoin de se déployer, de s'exercer et d'agir dans tous les domaines pour se mettre à la hauteur de son devoir dans la famille.

---

1. Une thèse du naturaliste Agassiz soutenue à Munich pour le doctorat, en 1829, portait sur la supériorité de l'organisation féminine.

IV

On se rapprocherait sensiblement de la raison et de la justice dans la question du droit matrimonial, en prenant à peu près sur tous les points le contrepied de la loi française, à laquelle nous nous arrêtons comme à la plus systématique parmi celles qui nous sont plus ou moins connues, car à l'exception peut-être de la Russie, le même principe, la même idée fondamentale nous paraît régner dans toute l'Europe. Renchérissant sur la tradition, le grand monument juridique du despotisme incarné légalise par d'ingénieuses dispositions la polygamie bâtarde du sexe le plus fort ; tandis qu'il oblige l'autre à la fidélité conjugale sous des peines très sévères, et va jusqu'à livrer la vie de la coupable à la vengeance de son mari. Celui-ci peut avoir autant de ménages que le permet sa fortune (sans contracter d'ailleurs aucune obligation envers ses maîtresses, non plus qu'envers les fruits de leur union). Disposant des biens de son épouse légitime, il peut légalement en dépenser les revenus et trop souvent le capital[1]. Il peut laisser sa femme dans le dénuement et, lorsque pour nourrir elle et leurs petits, elle s'est mise en condition, il peut, armé de la loi, venir toucher son salaire pour le dépenser au cabaret. Les Conseils de la République ont apporté quelques adoucissements à ce régime, dont les points principaux subsistent toujours. Voici comment l'exposait, le 15 décembre 1889, M. Tholozan, administrateur de *l'Émancipation*, excellent journal de Nîmes, voué principalement aux questions économiques, dont l'abonnement coûte deux francs à l'intérieur, trois à l'étranger, et qui, ne donnant chaque mois qu'une feuille de seize colonnes, a trouvé par là le moyen d'être toujours substantiel :

« D'après le code Napoléon, la femme mariée n'est pas maîtresse de ses biens : elle ne les administre pas, n'en dispose pas, ne peut pas en toucher les revenus. Elle n'a pas le droit de placer des valeurs, ni de les retirer, de faire emploi des fonds qui lui sont remboursés, d'échanger ou d'aliéner des immeubles sans le consentement écrit de son mari. — Il ne lui est pas permis de se faire ouvrir un compte à son nom chez un banquier. Elle n'a rien, elle ne peut rien avoir en propre ; elle n'a pas le droit de posséder quoi que ce soit. Elle ne peut rien mettre de côté. Son gain personnel ne lui appartient pas non plus. Tout ce qu'elle apporte, tout ce qu'elle acquiert, tout ce dont elle hérite, tout ce qu'elle gagne, ses économies, le fruit de son travail et de ses privations sont la propriété unique de son mari. Tout ce qui est à elle est à lui, et rien de ce qui est à lui n'est à elle. La loi française le veut ainsi.

« Le mari peut être un honnête homme ou un malhonnête sujet, n'importe, il peut être économe ou avare, ou bien dissipateur et prodigue : c'est son affaire à lui. Seul il prend ce qui est à la communauté ; il en use et en abuse. Il peut mettre les fonds dans sa poche et les dépenser sans que sa compagne ait rien à dire. Il peut employer l'argent pour ses plaisirs, le gaspiller au café, au jeu ou au théâtre, comme il voudra, sans aucun contrôle : la loi française le lui permet. S'il est paresseux ou ivrogne, s'il vit du travail de sa femme, s'il se débarrasse du mobilier de la maison, il est maître absolu de le faire. Il peut prendre les vêtements de la femme, le berceau de l'enfant, le dernier matelas, les engager ou les vendre. — Il peut récidiver sans crainte. Après avoir quitté le domicile conjugal, il a le droit d'y revenir, même après une longue absence, pour s'emparer des économies personnelles de la femme et la laisser encore une fois dépouillée de toute ressource. Il est dans les limites de son droit.

« S'il est brutal, il peut insulter, souffleter, frapper, user même du bâton, faire du logis un véritable enfer ! Il n'outrepasse pas l'effrayant pouvoir que la loi lui accorde. — S'il est insouciant ou léger, il peut, après avoir dissipé le gain commun, dévorer le dernier morceau de pain et sortir du logis, laissant derrière lui la misère et les larmes. La loi française, en lui donnant l'autorité absolue, lui permet d'agir ainsi.

« Dans les classes supérieures de la société, la femme n'a pas toujours à redouter les coups. La brutalité du bâton est proscrite, mais elle est remplacée avantageusement par le cynisme des procédés. Le corps ne sera pas meurtri, mais l'âme le sera ; et parce que cette âme est plus intelligente et plus sensible, les atteintes au droit et à la justice lui paraîtront plus cruelles. — L'homme du monde peut laisser chez lui, dans la solitude, la femme qu'il a liée à sa vie, à laquelle il a donné son nom. Il ira dans la rue voisine vivre avec une autre femme, la meubler, l'entretenir, la couvrir de dentelles et de bijoux : sa femme légitime le saura et ne pourra pas intervenir ; elle n'a qu'à se taire et à souffrir. — Nous ne faisons que soulever un coin du voile : il y a des abîmes de douleur et de honte que nous voulons seulement entrevoir. — L'homme a un bouclier ; c'est le code civil, qui l'autorise à faire ce qui lui plaît sans avoir à en rendre raison. Il n'y a ni magistrat, ni citoyen qui puisse contester à cet homme le droit de faire chez lui ce qu'il fait. — La loi est donc contre la femme : elle la livre sans aucune défense au plus arbitraire des pouvoirs. Pour s'y soustraire, elle n'a d'autre ressource que le scandale public, la séparation des biens, le divorce. — Ce n'est pas tout. L'homme a le droit de séduction. Il peut être polygame ; pourvu qu'il n'inscrive pas le fait sur les registres de l'état civil, la loi n'a rien à lui reprocher. Prendre le porte-monnaie d'une femme est plus grave aux yeux de la loi que lui prendre son honneur. L'homme peut la poursuivre de ses obsessions, la tromper par ses mensonges, l'illusionner par ses promesses, la vaincre le jour où elle a faim, où elle sollicite du travail, puis la trahir en l'abandonnant elle et son enfant. Il peut faire tout cela ; la loi française le couvre de sa protection. — La loi fait mieux encore : elle aide le coupable à éviter la responsabilité de ses actes. Cet enfant qu'il a mis au monde, le sachant et le voulant, il peut refuser de le reconnaître, de lui donner un nom, de subvenir à ses besoins. Il peut par son abandon vouer à une existence maudite ce pauvre innocent qui ne demandait pas à faire son apparition dans ce monde de douleurs. Il peut couvrir de honte celui qui n'en est pas moins son fils, celle qui n'en est pas moins sa fille. Il peut, s'il le veut, les jeter sur le pavé ignorants, vicieux, bâtards, graine fatale des prisons et du bagne, — eux qui seront plus tard des mendiants, des voleurs ou des prostituées, — écume d'une société qui les repoussera de son sein et les maudira.

« Le vol, la diffamation, sont punis : la loi ferme les yeux sur la séduction et l'abandon ; elle interdit la recherche de la paternité. L'homme peut donc en toute sécurité perpétrer le crime. La loi française le lui permet.

« Mais si l'homme peut impunément commettre adultère, il arrive souvent que la femme abandonnée et trahie tourne ailleurs ses regards. Elle écoute une voix sympathique, et sur cette pente glissante elle se laisse aller jusqu'au fond de l'abîme. L'adultère est consommé. — Alors le mari intervient. Il peut, comme le voleur, épier les deux coupables, s'embusquer, prendre un poignard ou un revolver et frapper la femme et son complice ; il peut tuer l'un ou l'autre ou tous les deux s'il les surprend en flagrant délit. — Dans ce cas, le meurtre prémédité, intentionnellement voulu, préparé de longue main, d'après les termes du code, est *excusable*. L'assassin est un justicier de son honneur, il peut tuer impunément. La loi française le lui permet.

« Nous voyons tous les jours ces iniquités s'accomplir sous nos yeux avec l'approbation effective des lois, et vous voulez que nous les supportions sans rougir et sans crier à nos concitoyens : Vous êtes responsables de cet état de choses ; vous n'auriez qu'à commander, et demain ces faits scandaleux ne se produiraient plus. Vous êtes le nombre et les souverains de par le suffrage universel. L'assujettissement de la femme est donc voulu par la nation. Il ne se maintient, il ne subsiste que par votre laisser faire et votre insouciance.

« Or, vous, les hommes, vous êtes les premiers intéressés à ce qu'une réforme se produise, car celles qui souffrent ainsi, celles qui se courbent sous cette règle inexorable, ce sont les os de vos os, la chair de votre chair ; c'était votre mère hier et demain ce sera votre fille. Y avez-vous songé ? Ce spectacle est si général, ces suicides de la dignité humaine sont si fréquents qu'ils n'écœurent plus nos contemporains. Ils en sont témoins chaque jour, et cette atmosphère malsaine au milieu de laquelle ils respirent ne leur fait pas désirer l'air vivifiant de la liberté. C'est la plus monstrueuse conséquence de cette fausse situation. Elle a perverti le sens moral. Il y a autour de nous des honnêtes gens qui ne s'indignent pas, et qui trouvent tout naturel que ces faits se renouvellent. Ils sont heureux ; ils jouissent de la vie, ils ont femme, enfants, aisance et repos. Que leur importe les douleurs de l'entresol ou du grenier ? — Ils ne sont pas moins responsables de ces crimes de lèse humanité, dont ils se rendent les complices par le seul fait qu'ils ne protestent pas avec énergie, et qu'ils n'aident pas à briser les tables de la loi napoléonienne pour les remplacer par la loi moderne de l'Égalité. »

---

1. Le code Napoléon ne permet pas à la femme de s'engager sans l'autorisation de son mari ; il veut que cette autorisation soit spéciale, que le contrôle de la justice remplace au besoin celui du mari incapable, que la femme non autorisée puisse elle-même agir en nullité. En revanche, il laisse la femme libre, en général, de contracter avec son mari sans aucun contrôle, sans aucune autorisation. « En agissant ainsi, dit Paul Gide dans sa remarquable *Étude sur la condition privée de la femme* (page 472), les rédacteurs du code n'ont pas seulement manqué de logique, ils ont manqué d'esprit pratique et de prévoyance. Assurément s'il est un cas où nos législateurs devaient croire à l'impuissance de la femme, c'est le cas où la femme a ses intérêts à défendre contre son mari. On concevrait encore qu'ils l'en eussent jugée capable, s'ils avaient eu soin de lui laisser dans le ménage une certaine mesure d'indépendance, et de l'habituer ainsi à connaître ses intérêts et à les défendre. Mais ils ont traité la femme mariée en pupille ; ils ont fait peser sur elle la double tutelle du mari et de la justice, ils l'ont habituée à ne voir et à n'agir jamais que par les yeux et la main d'un maître ; puis quand ce maître s'est changé pour elle en adversaire, ils l'ont laissée pour la première fois seule et sans défense. Jamais les habiles rédacteurs du Code n'avaient appliqué plus maladroitement leurs procédés habituels d'éclectisme. »
La critique de l'éminent professeur nous paraît mal fondée : les rédacteurs du Code sont restés conséquents à l'esprit d'une législation qui ne voit dans la femme en général que l'avantage de l'homme en général, et dans la femme mariée que l'avantage du mari.

V

L'article que nous venons de transcrire aborde le sujet des promesses de mariage et celui des enfants naturels. Ces matières, qui forment le complément de la législation matrimoniale, deviennent fort simples lorsqu'au lieu de se préoccuper exclusivement d'assurer de faciles plaisirs au mâle adulte des classes aisées, sans négliger la conservation du bien des familles, on a pris le parti de les résoudre suivant les principes du droit commun des personnes, ici parfaitement concordant avec l'intérêt public. Écrites ou verbales, les promesses sont faites pour être tenues, et la loi doit en imposer l'observation, tout en permettant aux parties de s'en dégager moyennant des indemnités équitables lorsque les droits des tiers le permettent. Mais si des enfants sont nés sous la foi de telles assurances, une loi protectrice des droits de tous en exigera l'accomplissement, et le tribunal déclarera les époux unis ; car c'est le consentement mutuel qui fait l'union conjugale et non la cérémonie, dont l'intérêt principal est d'en assurer la publicité. Dans ce cas, en vertu du droit de l'enfant à posséder une famille, la présomption de l'assentiment doit résulter du fait lui-même, à moins d'indices probants du contraire. Ces dispositions, qu'on estimera probablement trop rigoureuses sur le continent européen, mais qui règnent ailleurs sans contradiction, restreindraient le nombre des enfants naturels, dont l'immunité du père a sensiblement accru le nombre.

L'interdiction de la recherche en paternité, généralement admise autrefois, est une injustice, qu'on s'efforce vainement d'excuser en alléguant des difficultés de preuve qui n'existent pas toujours et qui n'apportent point d'obstacle sérieux à l'application du principe.

Que dès la première adolescence, la femme soit le seul gardien de son honneur, que les actes de subornation les plus odieux soient autorisés chez celui qui les pratique pour la satisfaction de ses appétits, c'est-à-dire pour les gens à l'aise, et punissables seulement chez ceux qui s'y livrent habituellement pour le compte d'autrui[1], ces naïves crudités du code civil n'ont pas trait à la vraie question. Que l'heureux galant ne doive rien à la fille mère, par hypothèse nous pouvons y consentir, son obligation juridique n'en subsistera pas moins tout entière à l'égard de l'enfant. Et pour s'y soustraire il ne suffirait point d'alléguer que la conduite de la mère était suspecte ou même fâcheuse, qu'elle avait d'autres amants et que le vrai père n'est pas connu. Il faudrait à tout le moins établir encore que la mère est en état de remplir seule les obligations qu'elle a contractées conjointement avec un tiers ou des tiers inconnus. Autrement, pour satisfaire la plus simple justice, la loi devrait exiger que les pères possibles connus fussent tenus solidairement à l'entretien de l'enfant, sous la tutelle de l'autorité publique. L'équité n'est pas seule à réclamer ces réformes incisives, elles ne sont pas moins imposées par l'intérêt public et par la prévoyance. Les enfants naturels ne sont pas seulement des êtres voués au malheur, ce sont des ennemis de la société, constitués tels par les lois mêmes de la société. Et leur nombre est armée, et ce nombre grossit chaque jour : le niveau de la population ne se soutient que par les naissances hors mariage. Mais ici comme ailleurs les considérations les plus puissantes parlent en vain, tous les intérêts sont sacrifiés au besoin d'assurer les plaisirs et de garantir l'impunité de ceux qui font les lois. Et trop longtemps la jurisprudence a paru jalouse d'accentuer les plus affreuses dispositions de ces Tables du libertinage.

L'institution connue sous le nom de Police des mœurs, qui consacre et protège administrativement le proxénétisme, puni par la loi, et qui dépouille de toute existence légale, en les vouant à la prostitution perpétuelle, les femmes convaincues, soupçonnées ou accusées de s'y être livrées momentanément, forme le complément parfaitement logique de cet ensemble de dispositions légales. C'est le couronnement de l'édifice.

Ce qui nous donne le courage d'exprimer toute notre pensée sur ces lamentables sujets, c'est la certitude profonde et légitime que nous parlons au nom de la France elle-même, dont la conscience est avec nous. La masse est ébranlée, le char se meut, mais les obstacles accumulés sont tels qu'il y a de l'ouvrage pour tous à la roue, et la mouche elle-même serait la bien venue, si son aiguillon pouvait stimuler la croupe alourdie de tel vieux coursier. Nous rendons hommage à la jurisprudence récente qui, pour laisser l'équité respirer un instant, a fait litière des textes les plus formels, en prononçant, malgré le principe que la loi spéciale prévaut sur la loi générale, que dans les cas où le séducteur possède une autorité sur la victime, la preuve de son tort pourrait être entreprise afin d'obtenir de lui quelque dédommagement pécuniaire. Nous savons aussi comment le Système du code s'est fait de cette jurisprudence précaire, et pratiquement fort insuffisante, une arme pour repousser l'idée d'une réforme législative. — Nous rendons pleine justice à ce qui a été fait en faveur de la femme mariée réduite à travailler pour un salaire. Mais tout cela ne date que de hier. Mais tout cela n'est qu'une goutte d'eau dans un brasier. Mais si l'on veut bien envisager une fois la question en face, on obtiendra la conviction que toutes les lois touchant le sexe féminin sont conçues très systématiquement dans l'intérêt le plus étroitement exclusif du sexe qui les a faites ; si bien qu'une fois admis que la femme a le droit d'exister, qu'elle est naturellement un but aussi bien que nous et que la loi doit la prendre pour telle, il n'est pas un dispositif inspiré par le principe opposé qui puisse rester debout devant la justice.

Les mœurs préparent les lois, mais les lois, à leur tour, forment les mœurs. Partout l'opinion, dont il est souvent malaisé de distinguer la conscience, tend à se mettre au niveau des codes, au-dessous plutôt qu'au-dessus, et dans les pays où les clergés tiennent à conserver de l'influence, la religion même s'en trouve abaissée. Les confesseurs n'exhortent-ils pas souvent leurs brebis à la patience, sans se montrer trop sévères envers leurs pénitents ? car sur ce sujet des mœurs il ne semble pas que les gentilshommes du parti catholique se distinguent bien profondément des bourgeois libres-penseurs.

Le contre-coup des abus sexuels sur les mœurs financières et politiques n'est pas difficile à discerner. La maîtresse est une conseillère dangereuse aussi bien qu'un luxe ruineux. Il y a là des causes profondes de déchéance et de prostration. Tant que les lois d'un grand pays ne respecteront pas les droits de la femme et ne reconnaîtront pas les devoirs de la paternité, tant qu'elles sacrifieront la justice aux intérêts de la luxure et prêteront leurs fictions à lui servir de rideau, le relèvement de ce pays et sa force de résistance resteront bien équivoques, et les plus éclatantes merveilles de l'industrie n'abuseront pas les esprits réfléchis sur la gangrène dont il est miné.

Nous n'oublions point qu'entre les classes où le mariage légal n'existe plus et celles où le mariage n'est qu'un manteau, il en est une, bien assise et fort importante, où il est généralement respecté et où la mère de famille est vraiment maîtresse dans sa maison. Dans la vieille bourgeoisie lettrée et commerçante, la vie conjugale est d'autant plus décente et plus régulière que les hommes sont plus libres de s'en tenir éloignés et qu'ils n'y entrent généralement qu'après avoir jeté leur gourme et s'être fait une raison. La politesse acquise, la bienveillance naturelle, l'esprit et le bon sens de la femme française font le reste ; et telle union débattue entre notaires comme un marché, pourrait servir d'exemple à maint pays où les futurs époux ont plus de facilités pour se bien connaître et où les sentiments tiennent plus de place dans leurs déterminations. En dépit des mauvais spectacles, des mauvais journaux, des mauvais livres et des mauvaises lois, la vieille tradition de la bourgeoisie, religieuse au siècle passé, prévaut encore et donne peut-être au foyer un peu de bonheur, à la patrie un peu de force. Sans cette tradition, sans ces familles, l'équilibre compromis serait détruit et la nation ne se tiendrait plus debout. Mais où l'ordre extérieur règne et produit des fruits relativement excellents, là même l'ordre, véritable n'est pas respecté, car ce n'est pas aux restes d'un époux, c'est à sa fleur qu'a droit une honnête fille. Ici encore, sous une forme atténuée, prévaut le principe qu'un sexe existe au profit de l'autre. Enfin dans certains milieux, l'épouse est respectée, elle règne sur son ménage et le ménage à côté n'existe pas, les mœurs y sont meilleures que la loi ; mais il reste que dans l'ensemble de ses dispositifs la loi civile et pénale est savamment calculée pour couvrir et protéger les mauvaises mœurs du sexe dominateur et qu'en asservissant l'autre elle tend à les corrompre tous les deux.

Dans l'intérêt des parties directement engagées, au nom du droit éminent des enfants nés ou à naître, en vertu enfin du droit de la société tout entière, nous posons en principe :

1° Que la monogamie à fins perpétuelles doit être seule autorisée et consacrée ;

2° Qu'elle doit être établie sur le pied de l'entière égalité et de la réciprocité parfaite des deux contractants, sauf les dérogations qu'y pourraient apporter des stipulations libres, suivant le désir des époux leur genre de vie et la proportion de leurs apports, dans les limites de la liberté que l'État doit garantir à tous ses ressortissants ;

3° Que les causes légitimes de divorce doivent être strictement spécifiées par la loi ;

4° Que les promesses de mariage écrites ou implicites, donnent lieu à une action juridique en reconnaissance du mariage, s'il arrive des enfants sous cette promesse, ou sinon convertible en dommages-intérêts ;

5° Que la recherche en paternité doit être autorisée, en ce sens que le père reconnu ou les auteurs possibles soient tenus aux frais de l'éducation de l'enfant naturel, sans que celui-ci entre dans la famille paternelle et acquière un droit à l'héritage des biens paternels.

---

1. Voyez à l'appendice le discours de M. Félix Bovet.

VI

Les relations personnelles des enfants avec leurs parents sont affaire de morale plutôt que de législation ; c'est pourquoi nous n'y toucherons que brièvement. L'autorité paternelle et maternelle sur les enfants en bas âge étant indispensable à la conservation de leur existence, la légitimité n'en a jamais été mise en question ; ce qui importe ici, c'est d'en préciser la nature et le fondement légitime. Le peuple romain, dont la législation a fourni la base de nos conceptions juridiques, voyait dans les enfants une propriété du père, comme il voyait dans la femme une propriété du mari. La puissance juridique *manus, potestas*, n'est au fond qu'une manière de propriété, limitée par la nature de son objet, c'est-à-dire par l'intérêt public. Si l'enfant n'est pas absolument un esclave, c'est que la patrie aura besoin de citoyens ; mais il ne subsiste que par la bonne volonté du père, qui pourrait l'abandonner au moment de sa naissance et qui conserve toujours sur lui la souveraine juridiction. Les adoucissements apportés dans ce rapport par le progrès des mœurs n'en changent pas le caractère essentiel, qui se résume en ceci : « La puissance paternelle est un droit consacré dans l'intérêt du père. » Cette conception traditionnelle ne trouve plus de fondement dans la conscience moderne et ne se justifie pas devant la raison. La conscience et la raison veulent que les enfants soient traités conformément à ce qu'ils sont appelés à devenir, c'est-à-dire comme des personnes qui sont leur but à elles-mêmes, comme de futurs citoyens. L'intérêt public exige que leurs facultés intellectuelles et morales soient développées pour la pratique de la liberté. La raison n'admet pas que les parents aient acquis un droit sur leurs enfants du fait qu'ils les ont appelés à l'existence ; elle voit très bien, au contraire, que par ce fait même les parents se sont imposés des obligations envers leurs enfants, et que, dans la mesure de leurs facultés propres, ils ont assumé la responsabilité de leur avenir. En un mot la raison ne comprend l'autorité paternelle, indispensable dans un état social fondé sur la propriété privée et sur la famille, que comme une tutelle exercée dans l'intérêt exclusif des pupilles. Nos lois sont généralement conformes à ce point de vue, mais elles ont conservé plus d'un dispositif inspiré par l'idée inverse, contradiction dont il est aisé de signaler les effets nuisibles, mais dont il sera plus difficile de les purger entièrement.

Les parents ont donc contracté, par un acte volontaire, l'obligation de nourrir leurs enfants, de les protéger contre les risques de toute espèce — à commencer par ceux auxquels les enfants s'exposent eux-mêmes par caprice et par impéritie, — enfin, de les élever pour leur carrière future d'êtres chargés de pourvoir à leur propre entretien et de membres d'une société politique, peut-être aussi d'une société morale, envers lesquelles ils auront des devoirs.

Ce fondement de l'autorité des parents en marque la limite, soit quant à son objet, soit quant à sa durée. Les parents ont le droit d'imposer à leurs enfants le travail nécessaire à l'apprentissage de la vie. Ils peuvent également les astreindre au travail pour subvenir, totalement ou partiellement, à leur propre entretien, dans la mesure compatible avec le premier but énoncé, mais ils ne sont point autorisés à se décharger sur leurs enfants, aussi longtemps qu'ils peuvent travailler eux-mêmes. Ce temps écoulé, l'obligation des aliments que nos lois consacrent nous semble être un devoir moral des enfants plutôt qu'une obligation strictement juridique. La reconnaissance ne présente pas ce dernier caractère, et la mesure de cette reconnaissance se trouve dans le bienfait, lequel ici peut être apprécié très diversement suivant les circonstances. Ce n'est pas à la loi qu'il appartient de prononcer si la vie est toujours un bien. Cependant les frais d'éducation faits par les parents peuvent être considérés comme une avance remboursable, et dans les pays où l'assistance des indigents constitue une obligation de la communauté politique[1], il est naturel que celle-ci cherche à se décharger sur la famille. L'entretien des parents devient directement obligatoire pour les enfants lorsqu'ils ont été dotés. On n'insiste pas, ne pouvant traiter de ce qui concerne l'administration et la dévolution des biens avant de s'être expliqué sur la propriété d'une façon générale.

La considération qui domine absolument cette matière, c'est que l'autorité ne s'exerce point dans la famille pour l'avantage de ceux qui commandent, mais au profit de ceux qui obéissent, que dès lors cette autorité n'est point un droit inhérent à la personne des parents, mais n'est qu'une fonction déléguée, dont l'État doit contrôler l'exercice, pour l'ôter aux indignes et aux incapables comme pour punir ceux qui en auraient abusé. Tutelle naturelle, mais tutelle :

il n'y a pas de tutelle sans bornes légales, sans reddition de comptes et sans responsabilité. Cependant, malgré l'affaiblissement, regrettable au point de vue moral, de l'autorité paternelle, nous ne saurions nous dissimuler combien ces idées choquent encore nos mœurs et nos instincts héréditaires. En principe, sans doute, on les avoue, on les pratique même en quelque mesure ; mais dans une mesure que l'expérience montre insuffisante. L'application conséquente en serait très dangereuse, et la ligne du meilleur possible variera nécessairement suivant l'état moral et social de chaque pays. La logique du principe n'irait à rien moins, en effet, qu'à reconnaître aux pouvoirs publics un droit de contrôle absolu sur la manière dont les parents exercent leur autorité dans la famille, et l'on ne saurait contester ce droit en principe, mais pour être en mesure de l'organiser, il ne suffit pas de le reconnaître, il faut voir encore jusqu'à quel point les autorités publiques, c'est-à-dire ici nécessairement les autorités locales, sont capables de s'acquitter des obligations correspondantes. Lorsque nous mettons leur indifférence, leur incapacité présumables en regard du zèle, du dévouement, de la connaissance des situations et des caractères qu'on doit s'attendre à trouver chez les parents, bien qu'on ne les y rencontre pas toujours ; lorsqu'on pense aux facilités que des compétences nouvelles offriraient à la malveillance comme à la satisfaction des cupidités particulières ; lorsqu'on voit le pouvoir envahir tous les domaines et s'ingérer dans tous les rapports, on recule devant l'idée d'étendre le contrôle officiel sur la façon dont le père gouverne la famille au delà des bornes que la loi lui assigne aujourd'hui. Mais partout où cette institution est encore absente, nous réclamerions pour la mère, pour les collatéraux, pour les enfants, même pour des tiers responsables et fournissant caution, le droit de saisir un tribunal des abus, des cruautés dont ils sont les témoins ou les victimes, afin que de tels délits soient punis et qu'une tutelle légale soit substituée à celle de leurs auteurs, soit temporairement soit pour toujours.

---

1. Nous verrons plus loin dans quel sens il faut entendre cette obligation.

LA PROPRIÉTÉ

Jusqu'ici nous avons eu pour objet l'homme en lui-même et dans ses rapports nécessaires avec ses semblables : considérons maintenant ses rapports nécessaires avec les choses, pour définir les droits qui en résultent.

D'une manière générale, l'appropriation des choses est légitimée par la différence naturelle entre les choses et les personnes. La personne est un but, ce qui n'est que chose n'a de valeur qu'à titre de moyen. Le droit de l'humanité est fondé sur ses besoins, mais ni les besoins d'un homme ni ceux de plusieurs ne sauraient les autoriser à se servir de leurs pareils comme d'instruments ; de toutes les propriétés, l'esclave serait la plus précieuse, et néanmoins, quelque nom qu'on lui donne, de quelque prétexte qu'il s'affuble, l'esclavage est contraire au droit. Ainsi la propriété se trouve limitée quant à son objet : l'homme n'a pas le droit de s'approprier son semblable, quelqu'avantage qu'il pût trouver à le faire.

Quant aux choses, la question de leur propriété collective n'est pas de nature à nous arrêter ; ce qui soulève encore des contestations et ce qu'on entend généralement sous le nom de propriété, c'est l'appropriation d'un objet par un homme en particulier, à l'exclusion perpétuelle de tous les autres. Indiquer la raison de cette pratique, c'est en tracer la juste limite.

I

Pour comprendre la propriété, remontons au commencement, c'est-à-dire à la conscience. De quelque manière que se soit formée la conscience ou qu'elle ait fait son apparition, la conscience existe, elle parle avec autorité chez tous ceux auxquels nous pouvons accorder le nom d'hommes, et nulle autorité ne saurait s'égaler à la sienne, puisque c'est elle, en dernier ressort, qui apprécie les titres de toutes les autorités. Il n'est pas croyable que l'emploi normal de la conscience soit d'abdiquer et de s'anéantir. La personne est donc naturellement sans maître étranger, puisqu'elle trouve en son for intérieur un maître auquel il lui sied d'obéir. L'homme est naturellement libre, maître de son corps et de son activité. Nul n'a de titre pour lui commander, nul ne saurait légitimement disposer de son existence, il a le droit de vivre et comme pour vivre il faut travailler, il a le droit au produit de son travail. Au berceau de la propriété privée comme au berceau de l'État qui la consacre et la rend possible, nous trouvons donc ces deux grands antagonistes dont le concours fait toute la vie : la nécessité et la liberté.

La nécessité ne suffit pas à justifier la propriété, sauf celle des objets de consommation immédiate. En vertu de mon droit naturel à l'existence, je puis faire provision des aliments que m'offre la nature. Le même droit me garantit l'usage des vêtements qui me couvrent, du toit qui m'abrite, de l'outil que je manie et de la moisson qui blanchit sur les sillons tracés par mon soc. Mais le titre fondé sur la nécessité ne vaut que dans les limites où la nécessité se fait sentir ; il ne justifierait pas la possession exclusive des objets dont je ne fais qu'un usage intermittent, il ne m'autoriserait pas à fermer ma porte si mon logis était assez grand pour plusieurs, moins encore à empêcher le voisin d'utiliser à son tour le morceau de terre où j'ai récolté. Si l'on essayait de justifier ces extensions par la prévoyance des besoins futurs, comme les mêmes objets peuvent servir à plusieurs, on n'aboutirait qu'à des conflits sans issue.

Il n'y aurait pas de propriété s'il n'y avait pas de besoins, mais le besoin seul, la nécessité seule ne sauraient fonder la propriété légitime. Elle apparaît distincte, en revanche, elle rayonne à tous les yeux, lorsqu'elle se présente comme une suite logique de la liberté : Je suis maître de mon corps, je suis maître de mes mouvements, j'ai le droit de travailler, et par une irrécusable conséquence le produit de mon travail m'appartient. L'homme, il est vrai, ne saurait créer, nous agissons toujours sur quelque matériel fourni par la nature, et pour le savant, qui se pique d'aller au fond des choses, toute notre œuvre se termine à des déplacements ; mais en séparant, en rapprochant, en façonnant, en transformant ainsi les éléments bruts, nous les accommodons à nos besoins et à ceux de nos semblables, nous leur imprimons le cachet d'utilité qui fait leur valeur et qui les rend dignes d'être appropriés. Les corps qui n'appartenaient exclusivement à personne, qui étaient à l'usage du premier venu et auxquels j'ai donné par mon travail sinon toute leur valeur, au moins leur valeur principale, en tous cas une valeur additionnelle, deviennent ma propriété, dans ce sens que j'ai non-seulement le droit d'en user et de les consommer par cet usage, mais celui de les conserver et de les transmettre. Liberté, propriété sont des termes inséparables ; c'est la liberté qui rend la propriété concevable, possible, raisonnable, réciproquement c'est la propriété qui fait passer la liberté dans les faits, la liberté se réalise dans la propriété et ne saurait se réaliser autrement. Car il faut travailler pour vivre, et sans outil, sans matière utilisable, je devrai m'employer au service d'autrui, dans les conditions qu'il lui plaira de me faire. La liberté qui reste après cela n'est qu'un vain mot.

II

Voulant arracher la classe ouvrière à ce régime qui lui déplaît, les collectivistes n'ont rien su trouver de mieux que de l'étendre à toutes les classes. Ils permettent que le travailleur reçoive un salaire équitable en objets de consommation, tels qu'aliments, habits, combustibles, divertissements, mais ils ne l'autorisent pas à travailler pour son propre compte, non plus qu'à changer sa paie en outil. Les appareils qu'emploie aujourd'hui l'industrie ne peuvent être manœuvrés que par des groupes, et par des groupes assez nombreux. Si ces machines et ces assemblages de machines, ces usines, ces fabriques deviennent ou demeurent propriété privée, il y aura forcément, semble-t-il, des ouvriers réduits à travailler pour le compte de patrons, ce que les collectivistes ne sauraient admettre ; tandis que si l'État acquiert ou confisque tous les établissements industriels et se décerne le monopole de leur possession, chacun sera serviteur de l'État et recevra de lui sa nourriture, ce qui leur convient parfaitement.

Ce n'est pas le lieu d'examiner jusqu'à quel point une semblable combinaison pourrait se plier aux besoins d'une population croissante et soutenir la concurrence sur les marchés extérieurs. Ces points, que les socialistes ont grand soin de ne pas approfondir, fussent-ils pleinement éclaircis, et résolus dans le sens de l'affirmative, la transition pût-elle même être opérée à l'amiable et sans spoliation, il n'en subsisterait pas moins contre un tel régime une invincible objection de droit. Maître de moi-même, j'ai droit au produit de mon activité, j'ai le droit d'utiliser mon travail de la journée à faciliter celui du lendemain, nul n'a compétence pour m'interdire de fabriquer un outil à mon propre usage, même si les forces d'un seul homme ne suffisaient pas à le mettre en œuvre et que sa possession me permît et me contraignît d'embaucher des compagnons pour l'utiliser aux conditions qu'il leur conviendrait d'accepter, — sous cette réserve toutefois que ceux qui entreraient à mon service le feraient librement, ou que du moins ils seraient seuls responsables des nécessités qui pourraient les y contraindre.

Aujourd'hui tous sont nominalement libres, quelques-uns, en minorité peut-être, sont libres de fait ; légalement ils peuvent tous le devenir. L'idéal des institutions économiques ne serait-il pas de rendre cette possibilité véritable, tellement que l'accès à la propriété s'ouvrant à chacun, les incapables et les paresseux en restent seuls exclus ? Le socialisme, dans un intérêt d'égalité, préfère supprimer la liberté pour tout le monde, sans bien savoir si cette universelle servitude sera l'égalité dans le médiocre ou l'égalité dans la misère. Nous n'acceptons point un tel sacrifice ; la liberté est essentielle, l'égalité n'est qu'un rapport, la liberté c'est ma propre nature, l'égalité n'est pas naturelle, elle n'est pas juste, car ce qui est juste, c'est que chacun soit l'artisan de son propre sort, la liberté, c'est le droit lui-même. Fût-il économiquement viable, ce qu'on est bien loin d'accorder, le collectivisme est réprouvé par le droit ; il faut le combattre sans merci.

Cependant nous lutterions avec désavantage si nous méconnaissions la vérité dont il procède et qu'il défigure. Nous sommes solidaires les uns des autres, nous procédons, nous dépendons les uns des autres physiquement, économiquement et moralement ; nous nous devons les uns aux autres. Au fond toute propriété est à la fois individuelle et collective. Par le commerce et par l'industrie, l'élément collectif se réalise économiquement, c'est-à-dire naturellement, fatalement, nous ne pouvons utiliser nos biens qu'avec le concours d'autres personnes, et de manière ou d'autre nous devrons partager avec elles pour obtenir leur concours. L'élément collectif de la propriété se réalise juridiquement par la contrainte, sous la forme d'impositions. Il se manifeste enfin moralement par la libéralité sous toutes ses formes. Cette affirmation morale de la possession solidaire, le collectivisme la supprime, en appauvrissant, pour ne pas dire en mutilant ainsi l'humanité. Que la libéralité reste insuffisante dans la mesure et dans la forme où nous la voyons pratiquer, on l'accordera ; qu'elle doive disparaître dans l'ordre vrai, ceux-là seuls peuvent l'avancer qui sont restés étrangers à la conception morale de notre existence. Tarir les sources permanentes du paupérisme est le but supérieur d'une libéralité bien comprise ; mais prétendre assurer le bien-être de tous par la contrainte serait un but condamnable, même s'il pouvait être atteint, car un tel succès condamnerait à l'atrophie ce qui reste de meilleur en nous.

Le collectivisme dans la production matérielle est le juste pendant, l'aboutissement logique de l'État providence, de l'Église infaillible, du *compelle intrare* de Rome et d'ailleurs, de tous les systèmes qui pensent asseoir l'ordre autrement que sur la liberté ; c'est l'expression économique d'une idée étroite qui a dégradé la vie intellectuelle, morale et religieuse, et qu'on n'aurait pas essayé d'appliquer au domaine économique si elle n'avait pas atteint préalablement la conscience : l'idée que la fin sanctifie les moyens, plus précisément que le résultat extérieur, matériel est la principale affaire, et les mobiles de l'action, la condition morale des agents un objet accessoire, pour ne pas dire indifférent. Le contraire est la vérité : la valeur intrinsèque des individus est ce qui importe avant tout. Les hommes sont solidaires, le genre humain tend à l'unité ; mais l'unité de l'être moral ne peut être obtenue que par la liberté des éléments qui le constituent. Le collectivisme, lui aussi, fait sans doute à sa manière la part de la personne et la part de la communauté. Il ne fait pas absolument fi des dispositions intérieures, mais il suppose arbitrairement qu'un changement d'organisation suffira pour les réformer ; il nous paraît bien plus probable que l'égoïsme persistant rendrait l'organisation collective impossible ou désastreuse, tandis que la guérison des volontés produirait d'elle-même la santé du corps social. Le collectivisme attribue à l'autorité publique les instruments de la production, qu'elle ordonne par contrainte. Le travail est imposé, la jouissance est indépendante. Chacun disposera comme il l'entendra de sa part des biens consommables et de ses loisirs. L'idéal véritable est précisément l'inverse de cet idéal. Que chacun peine pour soi, acquière pour soi, que par conséquent chacun se fasse un outil, et qu'il en dispose, pour mettre en commun ses biens et ses joies. Ainsi l'individu reste libre, reste lui-même et donne en se donnant une chose d'un prix réel. Si cet idéal est aujourd'hui très imparfaitement réalisé, travaillons à nous en rapprocher, mais ne lui tournons pas le dos. Il est vrai que l'extrême division du travail et le concours d'un grand nombre d'ouvriers nécessaire à la production des marchandises complique singulièrement la situation. Il est difficile d'assurer à l'individu, sous la forme d'une place à l'atelier et d'une part dans l'entreprise, cet élément de propriété, cette faculté d'un travail utile sans laquelle sa liberté et sa personnalité tendent à s'évanouir ; mais si peu nombreuses qu'elles soient encore, il y a des preuves de fait que le problème n'est pas insoluble. Les difficultés qu'il présente, nous ne les voulons point diminuer, bien que de divers côtés on les exagère : si grandes qu'elles puissent être, elles ne donnent pas une raison pour déplacer la question et se détourner du but véritable. Il faut que l'individu reste l'artisan de sa destinée ; c'est pour l'humanité la question d'être ou de n'être pas. Vouloir réaliser l'unité de l'être moral par la contrainte est la contradiction des contradictions, puisque l'être unifié de la sorte ne serait plus un être moral. C'est dans les efforts tentés pour y réussir dans l'atelier, dans l'État, dans l'Église qu'il faut chercher la raison profonde des misères du temps présent.

III

L'unité du collectivisme ne serait donc plus l'unité de l'humanité. La propriété privée tient à la liberté personnelle par une double solidarité. Conséquence directe de la liberté, elle forme, nous l'avons dit, la garantie indispensable de sa durée et de son développement, si bien qu'on ne saurait s'en prendre à la propriété sans attaquer la liberté même. Cependant il ne faut pas oublier que l'appropriation individuelle a pour fondement la subordination du monde physique à l'être raisonnable en général. Si je possède un droit exclusif sur les produits de mon travail, en d'autres termes sur la valeur communiquée par mon travail à certains objets naturels, c'est en vertu du droit primitif sur tous les objets naturels que je partage avec mes semblables. De là suit une conséquence fort importante, c'est que je ne saurais devenir propriétaire à titre légitime que des valeurs par moi créées ou que je tiens de ceux qui les ont créées. Mais ce qui appartient à tout le monde, ce qui n'est l'ouvrage de personne, ce dont la valeur ne tient au travail de personne, cela ne saurait être approprié légitimement par un simple acte de volonté.

S'il est un bien dont la quantité soit invariablement limitée et dont l'usage soit indispensable à chacun, il est d'ailleurs manifeste que l'appropriation de ce bien par quelques-uns mettra tous les autres dans leur dépendance absolue. Nous ne connaissons qu'un bien naturel placé dans ces conditions, mais l'importance en est si grande qu'il semblait constituer toute la richesse dans un état social dont nous ne faisons que sortir : c'est le sol habitable et cultivable. La division de la terre en héritages n'est donc pas de droit naturel, mais uniquement de droit positif. Elle peut se justifier dans l'état social par la volonté du souverain. Si la collectivité prononce expressément ou par le simple fait de sa tolérance qu'une telle distribution de son domaine est avantageuse, elle a certainement le droit de le faire. Peut-être a-t-elle raison d'agir ainsi, car son premier soin doit être que la moisson suffise pour toutes les bouches, et le morcellement du territoire en propriétés permanentes a pu sembler, comme il peut sembler encore à plusieurs aujourd'hui, le moyen d'assurer la production la plus abondante possible en infligeant la moindre souffrance possible au cultivateur. Aussi sommes-nous loin de ne voir qu'injustice dans la propriété territoriale et d'en demander la suppression : ce que nous affirmons, c'est qu'on ne saurait invoquer en sa faveur aucun fondement juridique, sauf la volonté du législateur, et que le législateur lui-même n'a pu raisonnablement l'établir, la sanctionner ou la reconnaître qu'à titre d'expédient, dans un but d'utilité générale.

Ce que nous déduisons ici des principes se trouve amplement confirmé par les faits. Sans remonter aux sociétés primitives, ni même à l'antiquité classique, il suffit de constater qu'à l'origine des peuples de notre Occident la propriété du sol se confondait avec le pouvoir politique et que les domaines privés trouvent partout leur origine dans des délégations du souverain. Le sol est la richesse primitive dont le prince conférait la jouissance temporaire ou perpétuelle en paiement de tous les offices. Cette provenance est nettement accusée dans la langue anglaise, où la locution *fief simple de la reine* sert à désigner la propriété la plus exclusive et la plus absolue. Aussi bien le prince conserve-t-il, sous le nom de *domaine éminent*, le souvenir de cet ordre primitif des choses. Moyennant une indemnité convenable, il se réserve partout le droit d'exproprier les particuliers à sa convenance, bien qu'au mépris de toute l'histoire, un individualisme systématique ait essayé ici et là de mettre ce droit en question. En outre, le prince n'a pas tout cédé, il a généralement conservé les chemins. Il appartenait à nos législations libérales de punir pour avoir couché dans la rue ceux qui ne peuvent être nulle part chez eux ailleurs.

Si la propriété du sol à titre héréditaire s'établissait, dans la paix, par le jeu libre des activités privées, elle aurait l'inconvénient d'aggraver et de consolider les inégalités économiques en les faisant survivre aux raisons qui les justifient. Cependant on pourrait laisser à la concurrence le soin de s'accommoder aux effets de la concurrence ; mais en réalité cette appropriation est l'œuvre des pouvoirs publics. Soit qu'il ait librement disposé du sol ou qu'il s'en soit laissé dépouiller par faiblesse, la responsabilité de l'État s'y trouve engagée.

IV

L'appropriation permanente du sol n'est pas en elle-même une injustice, mais un fait d'où résulte une obligation ; l'État qui la consacre doit indemniser ceux que cet arrangement prive de leur droit de gîte et de toute part à l'instrument de travail universel. Telle est la source profonde et dès longtemps signalée des réclamations que le socialisme élève au nom de l'équité. L'égalité qu'il poursuit n'est qu'un but trompeur, une chimère de l'envie, car l'égalité ne saurait être acquise et maintenue qu'en faisant constamment violence à la nature, et si, par impossible, on réussissait à l'établir, elle paralyserait le développement de l'âme humaine et mettrait un terme à tous les progrès. Supprimer les pauvres, c'est établir partout la corvée et c'est tuer l'esprit d'invention, l'initiative et l'énergie aussi bien que la charité. Supprimer les riches, c'est empêcher que rien de nouveau ne se fasse hors par l'expresse volonté du gouvernement. L'inégalité c'est la vie, l'uniformité c'est la stagnation, qui bientôt engendre la pourriture. Les rêves égalitaires sont bas et malsains. Ce que demandent le cœur et la raison, ce n'est pas qu'un homme ne puisse pas en faire mouvoir beaucoup d'autres, c'est que nul ne soit contraint d'accepter sans examen les conditions du premier ; ce n'est pas qu'il n'y ait plus de riches, mais c'est que la pauvreté même ne soit plus l'insécurité, le dénuement et la dépendance absolue.

L'inégalité que produit la nature est une inégalité mobile. L'appropriation de la terre a pour effet de la fixer, et de l'exagérer en la fixant. Elle investit certaines familles d'un droit à l'oisiveté dont les mœurs ont fait longtemps une obligation, d'où l'alternative de gouverner ou de tomber, dès qu'on ne règne plus, dans les désordres honteux et les frivolités puériles. En revanche cette fixité relative des fortunes fait de l'indigence une condition héréditaire, dont l'effort le plus persévérant n'affranchit qu'un très petit nombre d'individus favorisés par un concours exceptionnel de talents et de circonstances.

La valeur des biens-fonds provient en grande partie du travail dépensé pour les mettre en culture. Inséparable désormais de la valeur primitive du sol, le fruit de ce travail constitue néanmoins une propriété personnelle et transmissible, en conséquence de la liberté personnelle. Puis, une fois dans le commerce, la terre s'échange de bonne foi, sous la protection des lois, contre les produits du travail, pour la totalité de sa valeur. La solidité exceptionnelle d'un tel placement et les perspectives d'une mieux-value assurée par l'accroissement normal de la population sont des éléments du prix qu'on en donne. À ne considérer que les rapports qui se sont noués entre les particuliers sous l'autorité des lois, toute la valeur du champ, de la forêt vierge, représente l'épargne de l'acquéreur, son travail, sa liberté, sa personne.

La justice est donc loin d'autoriser la confiscation des domaines par l'expropriation matérielle ou par l'élévation de l'impôt foncier au niveau de la rente même. Économiquement avantageux en certains cas, nuisible peut-être ailleurs, le retour de la terre à la nation ne saurait être effectué selon la justice que moyennant une indemnité complète. L'opération n'est donc possible qu'exceptionnellement, dans les pays où la fortune mobilière, cette création de la veille, surpasse déjà de beaucoup la valeur du sol. Ailleurs le paiement des indemnités promises n'aurait d'autre gage que le succès problématique des opérations agricoles entreprises par l'État ; il n'y aurait de sécurité pour personne. Dans nombre de nos vieilles sociétés, la nationalisation du territoire n'est probablement qu'une utopie ; mais les pays neufs et ceux où le domaine public possède encore une certaine importance économique feraient bien de songer pendant qu'il est temps aux conséquences inévitables de l'appropriation individuelle. C'est l'établissement à court délai d'une classe qui absorbera le profit clair de tout le travail social, sans rien donner en échange que par libéralité pure ou sous la pression de l'impôt — puis d'une autre classe incapable d'arriver à la propriété par son seul effort, et dépendant absolument pour son entretien journalier de la classe des propriétaires.

Ce résultat n'est pas seulement regrettable, il faut empêcher qu'il ne se produise et le corriger lorsqu'il s'est déjà produit. C'est assurément une erreur grave d'imaginer que la loi doive assurer le bien-être de tous. Elle n'en sera jamais capable, et dans la supposition qu'elle en fût capable, le bien-être conféré par elle serait un bien-être payé trop cher, puisque le prix en serait la suppression de notre libre mouvement, la suppression de la vie morale, c'est-à-dire de tout ce qui a quelque valeur réelle en ce monde. Non, la loi n'a pas charge du bien-être universel, mais elle est responsable de son propre ouvrage. Si le prolétariat est le corrélatif de la propriété foncière, la loi est responsable du prolétariat, car, encore un coup, la propriété quiritaire n'est pas de droit naturel. Un homme possède un droit exclusif sur le terrain qu'il occupe et qu'il cultive, aussi longtemps qu'il l'occupe et qu'il le cultive, parce que, ayant naturellement le droit d'exister, il a le droit naturel d'être quelque part ; mais ce droit ne s'étend pas au delà de l'occupation effective et ne pourrait aller plus loin sans heurter un droit semblable chez autrui. L'appropriation exclusive de la terre indépendamment de la société politique ne se justifie donc pas plus devant la raison qu'elle ne se rencontre dans l'histoire et qu'elle n'aurait pu s'établir en fait.

L'affranchissement des serfs de la glèbe a été un bienfait pour ceux qu'il a laissés propriétaires du morceau fécondé par leurs sueurs, une calamité pour ceux dont il a fait des tenanciers à titre précaire. Nous le répétons, dans l'espoir d'être compris : l'appropriation de la terre à titre perpétuel a pu se présenter comme la manière d'en obtenir le plus de produits possible et se recommander à ce titre aux économistes ; elle serait parfaitement légitimée s'il était établi qu'avec un certain état social, avec un certain chiffre de population, elle est indispensable pour obtenir la quantité de produits dont on a besoin. Mais, quoique la propriété collective du sol ait souvent donné de minces résultats et qu'on tende à l'abandonner dans les pays qui l'ont encore, ces démonstrations seraient difficiles, car partout où l'exploitation en est rationnelle, la grande propriété laisse un produit net très supérieur au produit net de la propriété plus divisée, et l'on ne voit pas pourquoi l'administration n'en réussirait pas aussi bien aux délégués du Trésor qu'aux intendants des grands seigneurs terriens. Sans doute pour le bien-être général le produit net est moins important que le brut ; la terre ne donne rien qu'au travail, et nul ne contestera que la propriété ne soit pour le travail un stimulant d'une valeur incomparable. La propriété mobilière est en quelque sorte une invention récente, dont le fonctionnement n'est pas encore bien familier aux campagnards de certains pays, mais peu à peu tous y arrivent. Ceux qui n'ayant pas l'occasion d'arrondir leur champ, ont affecté leur épargne à l'acquisition de titres de rente, ne laissent pas de trouver aussi quelque charme à ces biens dont ils ne palpent que les symboles, et ils finissent par s'apercevoir, lorsque le prix des récoltes n'est pas trop déprimé par la concurrence étrangère, qu'avec un bail équitable, il est plus facile de s'enrichir comme fermier qu'en faisant valoir son propre domaine, presqu'infailliblement grevé de dettes. On dira que le profit du fermier est souvent acquis aux dépens du fonds lui-même, et cette objection fera chercher quelque moyen de concilier les intérêts.

En attendant que ce moyen soit découvert, ce qui ne paraît pas chose impossible, il reste que le sol est presque entièrement approprié dans notre Europe, tandis que l'Amérique marche à grands pas et sans grand scrupule vers la même situation.

Nous ne savons s'il y aurait moyen, avec une population serrée, d'organiser l'exploitation du territoire de manière à trouver de l'ouvrage pour tous les bras. Nous ne voulons donc, encore un coup, ni réclamer, ni recommander d'une manière générale un retour des terres à l'État, qui pourrait améliorer la condition du peuple en certains pays et l'empirer dans quelques autres. Le mouvement de la pensée qui se produit dans ce sens n'est point d'ailleurs assez général pour autoriser de semblables revendications. Mais avec l'autorité de l'histoire et de l'évidence rationnelle, il faut reconnaître en premier lieu :

Que le rapport de l'homme avec le produit de son travail personnel constitue un droit de propriété naturel et imprescriptible ; tandis que l'appropriation permanente du sol repose exclusivement sur l'autorité de lois positives dont l'intérêt général fait toute la légitimité, et qui, par conséquent, doivent être modifiées dès qu'elles ne s'accordent plus avec lui, car on pousserait la contradiction au delà de toute limite en invoquant contre l'intérêt général la règle artificielle de la prescription, qui déroge évidemment à la justice, sans autre excuse que l'intérêt général lui-même. On ne prescrit pas contre l'humanité.

Fondés sur la même évidence, il faut reconnaître en second lieu qu'en autorisant l'appropriation de la terre, la loi crée entre les hommes une inégalité artificielle que l'utilité publique la mieux établie ne saurait justifier, à moins qu'une équitable compensation ne soit offerte aux classes dépouillées.

Tel est le fondement unique et suffisant de ce qu'on a nommé droit au travail, et qu'il vaudrait mieux appeler droit à l'outil.

C'est une compensation due aux déshérités, car il y a réellement des déshérités. Pour décliner cette obligation il ne suffirait pas d'alléguer que la terre est à vendre, d'abord parce que ce n'est pas toujours le cas, puis et surtout parce que, sauf des exceptions insignifiantes, l'état social dont la propriété foncière est la clef de voûte a mis des classes entières dans l'impossibilité d'en acquérir jamais leur part. Il ne suffirait pas non plus de dire que la culture du sol en commun ne donnerait pas du travail et du pain à tout le monde, car avant l'expérience on ne sait pas quels résultats il sera possible d'obtenir, et c'est affaire à la civilisation de s'organiser le mieux possible sur la base de la justice et de la liberté. Le droit subsiste donc, mais ce n'est pas un droit à l'assistance des indigents dont l'infortune est méritée, ce n'est pas une obligation faite à la société d'occuper ceux qui avaient un travail et qui l'ont quitté, c'est l'obligation de procurer à tout enfant pauvre une instruction, un apprentissage, et sous une forme quelconque un moyen de vivre indépendant par son travail. En civilisation, le droit à la vie prend la forme d'un droit à l'outil, que nous ne réclamons point en vertu d'une solidarité naturelle, mais à titre de restitution, comme le paiement d'une dette que la société politique a contractée par une succession d'actes positifs.

Nous ne demandons à la loi que la justice, qui est déjà fort chère, car sous la contrainte légale tout ce qui dépasse la stricte justice est malfaisant. C'est donc au nom de la justice que nous réclamons un dédommagement en faveur de ceux que l'appropriation de la terre prive de toute part au commun héritage et de tout instrument de travail. Il s'agit pour l'État d'une dette positive résultant de ses actes antérieurs, et dont la difficulté d'établir le chiffre ne rend pas l'obligation moins impérieuse.

Quant aux moyens d'acquitter cette dette, ils varieront suivant les besoins et les ressources. Nous les chercherions en premier lieu dans la gratuité d'une instruction professionnelle qui mette l'enfant pauvre en état de gagner sa vie, sans juger toutefois sa créance éteinte avec le terme de son apprentissage. Il faudrait encore lui trouver place quelque part, lui mettre le pied dans l'étrier pour ainsi dire, après quoi le reste serait son affaire. On n'y saurait trop insister : ce droit des arrivants à des compensations équitables pour le tort que l'expropriation du sol leur fait éprouver donne un fondement juridique aux réclamations groupées sous le nom de question sociale. Le problème est d'en concilier la reconnaissance effective avec le respect des autres droits bien acquis. La solution pratique ne s'en trouvera pas, selon toute apparence, dans une seule et même opération, mais dans des combinaisons variées. Aujourd'hui nous retrouvons cette question dans toutes les relations économiques et politiques.

Il n'est pas facile de revenir sur le passé, et souvent on aime mieux nier une dette que de se déclarer insolvable. Possible après tout que la société soit insolvable, qu'elle n'ait aucun moyen de doter l'enfance sans attaquer la propriété légitime et sans désorganiser la production. Dans ce cas, il faudrait bien se résigner, laissant le soin de réparer l'injustice à la solidarité des travailleurs, qui chaque jour dictent plus librement les conditions de leur concours. Mais nous ne saurions désespérer. Le moyen de faire droit aux réclamations légitimes sans supprimer la liberté du travail et sans nationaliser la production finirait bien, pensons-nous, par se trouver une fois que la justesse du point de vue dont nous partons serait universellement reconnue en principe. Évidemment cette heure approche, mais elle n'a pas encore sonné.

Bien qu'on n'ose plus reproduire l'audacieux sophisme suivant lequel toute la valeur de la terre n'étant que travail, comme la valeur de toute autre richesse, la terre en friche ne coûterait rien et serait toujours accessible à chacun pour rien, l'opposition manifeste entre les principes sur lesquels repose la propriété foncière et le fondement de la propriété en général n'est pas mise encore par la théorie dans le relief qui lui convient. Trop d'intérêts s'efforcent de les confondre : ceux que le régime actuel favorise se gardent bien d'encourager des distinctions trop subtiles : mieux vaut placer en bloc leurs privilèges sous le drapeau de l'ordre social. Sur le bord opposé, ceux qui veulent l'égalité pour l'égalité savent que la liberté du travail est incompatible avec leur idole : par des considérations d'intérêt public, mais d'un intérêt fort mal compris, et sans aucun égard pour le droit, qui n'a pas plus de valeur à leurs yeux que la liberté, dont le droit procède, ils veulent anéantir la propriété privée en général, ou du moins la propriété des biens productifs, qu'elle soit le fruit d'un travail personnel ou qu'elle ait une autre origine. Ainsi les admirateurs intéressés de l'état présent des choses et les partisans de la révolution sociale ont un intérêt commun à confondre dans la même catégorie et dans la même appréciation la propriété mobilière et la propriété du sol, qui reposent en réalité sur des principes contraires : la première étant une conséquence du droit de l'homme à disposer de lui-même ; tandis que la seconde n'a point de rapport avec ce droit, qu'elle anéantit dans les lieux mêmes où la lettre des lois lui rend hommage.

Cet état des opinions ne laisse qu'une place assez étroite à ceux qui ne demandent que la justice et chérissent l'espoir que l'application conséquente de la justice aux institutions sociales amènerait une condition d'aisance relative et de bien-être dans la liberté. Ceux-ci croiraient avoir déjà beaucoup gagné si l'on daignait seulement réfuter leur thèse, au lieu de la dénaturer. Mais ici aussi le jour commence à poindre ; on ne pourra pas toujours brouiller toutes les questions. Celle que nous avons agitée est une question de principes ; il s'agit de justice et pas d'autre chose.

V

Quant à l'assistance de ceux qui, pour une cause ou pour une autre, n'ont pas la faculté de travailler, elle est moralement obligatoire assurément, mais ne devient juridiquement exigible et ne peut faire l'objet d'un droit qu'en vertu de relations et de conventions particulières. La loi peut sans doute, en guise de compensation, imposer l'assistance à ceux auxquels elle a conféré des privilèges, mais au fond, d'une manière générale, un droit naturel à l'assistance n'existe pas. Et comme il est souvent impossible ou bien difficile de savoir dans quelle mesure un homme est responsable de l'incapacité dont il est frappé, l'affirmation de ce droit prétendu devient aisément un congé pour la paresse de s'entretenir aux dépens des travailleurs. La loi des pauvres fonctionne mal lorsqu'elle ôte le nécessaire aux contribuables et d'assistants les fait tomber au rang d'assistés. Et réussît-on même à prévenir les abus les plus graves, pût-on limiter les secours aux innocents de leur misère, il n'est pas sans inconvénient pour la société que les mendiants et les invalides fassent souche d'infirmes et de mendiants ; il n'est pas bon que la sollicitude pour une douleur présente et passagère nous fasse oublier le lendemain et frapper d'un mal permanent les générations futures. La loi qui prétend s'inspirer d'humanité risque de devenir une loi cruelle ; il est plus prudent de s'en tenir à la simple justice, et la justice nous dit nettement que le besoin ne suffit pas à créer un droit. Il impose un devoir à la charité, mais les devoirs de charité ne sauraient être appréciés que par la conscience individuelle. Il n'est aucune hérésie morale aussi dangereuse que d'attribuer une conscience à l'État, ce qui aboutit forcément dans la pratique à substituer la conscience d'une ou de plusieurs personnes à celle de toutes les autres. Transformer les devoirs de conscience en obligations exigibles par contrainte revient à priver la conscience de toute sphère d'action, et par suite à supprimer la conscience elle-même. Du moment où l'on charge l'État de réaliser le bien positif, les particuliers en sont dispensés, et souvent empêchés par cela même : leur seule affaire est d'obéir et pour s'y résoudre il n'est besoin d'aucun autre mobile que la crainte de la prison. L'idée que le bien positif reste un bien positif, le bien moral, un bien moral, lorsqu'il est obtenu par la force, est inséparable de la conception d'une autorité visible qui aurait droit sur les sentiments et sur les croyances. C'est ainsi que l'Église romaine a compris l'Évangile, et les bûchers de l'Inquisition sont la conséquence logique de cette interprétation. Supprimer l'hérésie en supprimant les hérétiques est imposer au présent un sacrifice douloureux sans doute, mais léger encore au prix du bien qu'il assure aux générations à venir. Si l'État moderne absorbe l'Église, s'il se pose comme l'éducateur suprême et comme l'organisme par lequel le bien positif doit être accompli, il réalisera le despotisme le plus conséquent et le plus rigoureux qu'il soit possible d'imaginer, et du même coup fera disparaître la vie morale, en substituant partout la consigne à la conscience. Gardons-nous donc de penser qu'un droit corresponde à tous les devoirs. Cette illusion, dont la persistance établirait partout la contrainte, commencerait par désavouer la morale et la priver de toute intimité. Aussi ne saurions-nous reconnaître un droit naturel à l'assistance qu'aux personnes placées par le jeu des institutions sociales dans une condition d'infériorité dont elles ne sont pas responsables, et privées ainsi des ressources que leur offrait la nature pour subvenir à leur entretien.

Quant aux nécessités purement accidentelles, c'est l'affaire de prévoyance et de libéralité, affaire d'association libre et d'épargne, partout où l'épargne est possible, comme elle doit le devenir pour tous les travaux. Dans les rapports privés, en dehors des liens du sang la solidarité naturelle doit inspirer l'activité spontanée de la charité, mais ne saurait donner naissance à des droits positifs. Le sentiment contraire aboutit logiquement à un communisme dont on pourrait prendre son parti s'il n'était qu'une forme d'existence économique, mais qu'il faut réprouver absolument comme la negation de la liberté, du droit et de toute la vie morale. Point de libéralité sans avarice, sans égoïsme pas de charité, point de liberté du bien et point de bien sans la liberté du mal. Si le communisme et l'Église romaine voulaient bien prendre garde à cette évidence, ils finiraient peut-être par se réformer.

Tout enfant possède un titre sur la société, qui doit, si possible, le mettre en état de gagner sa vie. Cette obligation remplie, l'État est quitte vis-à-vis de lui. L'assistance ultérieure de ceux qui succombent dans la lutte pour l'existence doit être laissée à la charité volontaire des particuliers. L'assistance légale favorise l'inconduite et l'indolence, et tend à perpétuer le paupérisme, ainsi que de trop nombreux et trop grands exemples l'ont surabondamment démontré.

Nous ne demanderons jamais que la loi s'inspire de la charité, nous ne demandons à l'État que la justice, la pure justice, qui nous mènera déjà bien loin, plus loin qu'un grand nombre n'a souci d'aller ; nous ne voulons point de la charité légale, deux mots qui gémissent d'être accouplés : Sous quelque nom qu'on la déguise, nous n'en voulons pas, sachant trop que si l'assistance publique est un foyer de paresse, une source d'imprévoyance, une pépinière de lâcheté, c'est aussi le rempart des exploiteurs et leur citadelle. Quoi de plus commode, après avoir sucé l'ouvrier, que de laisser à l'impôt national ou paroissial la charge d'en soigner les restes ? Il n'y a pas à se gêner, il ne mourra pas de faim ! D'ailleurs, comment discerner avec justesse, l'infortune imméritée de celle qui ne l'est pas ? L'administration de l'assistance publique les place sur le même pied et fait du *workhouse* un enfer, de peur qu'il n'absorbe tout. Ainsi la charité devient cruelle pour l'assistant et pour l'assisté. Un État bien ordonné ne connaîtrait pas de classe que la force des choses condamne à l'indigence, et la charité spontanée y suffirait amplement aux misères accidentelles.

VI

En somme nous considérons la propriété comme étant nécessairement pour une part individuelle et pour une part collective, ce qui implique la légitimité des impôts.

Nous voyons dans la propriété individuelle la conséquence inéluctable et l'indispensable garantie de la liberté personnelle.

En vertu de son origine, le droit de propriété donne au propriétaire la faculté d'utiliser son bien comme il lui plaît. L'abolition du capital privé, c'est-à-dire l'interdiction d'appliquer le produit de son travail à faciliter un travail ultérieur, est donc injustifiable.

L'objet de la propriété individuelle est le produit du travail individuel. Quant aux biens offerts spontanément par la nature, tout homme naissant dans le monde possède sur eux un droit naturel, dont il ne saurait tirer parti que par son travail. Il a droit à l'instrument de travail et à la matière utilisable fournis par la nature, et si des nécessités économiques ou des circonstances historiques de quelque espèce que ce soit en ont fait sanctionner l'appropriation par quelques-uns, il a droit à réclamer de la société l'équivalent de cette matière et de cet instrument sous une forme quelconque.

En revanche, le besoin ne saurait à lui seul conférer un droit. Le droit à l'assistance, le droit au travail n'existent pas.

L'HÉRÉDITÉ

La propriété personnelle est inséparable de la liberté, dont elle forme un élément. Si je suis libre de faire, je suis maître de ce que j'ai fait. Ceux qui demandent l'abolition de la propriété privée sous prétexte qu'elle va permettre à quelques-uns d'en employer d'autres à leur service, s'inspirent du sage qui, pour éviter une ondée, allait se plonger dans le torrent. Par respect pour la liberté d'une partie, ils enlèvent à tout le monde jusqu'à la possibilité de jamais acquérir ce bien inestimable. Ou plutôt ils n'en ont jamais eu souci, de la liberté, ils ne comprennent pas que la liberté c'est l'homme lui-même, et que le monde est dépourvu de sens et de toute valeur quelconque, s'il n'a pour objet de former des hommes. Pour eux, ils se contenteraient de nourrir des animaux, et certainement ils réduiraient leur bétail à la portion congrue ; mais nous l'avons déjà dit trop souvent et ce n'est plus le moment de le démontrer. Il s'agit de droit.

I

J'ai droit à mon œuvre, je puis la consommer et la détruire, je puis la conserver, je puis l'échanger, je puis la donner. Mon droit va-t-il jusqu'à la transmettre à titre gratuit après en avoir joui toute ma vie, ou l'hérédité testamentaire n'est-elle qu'une faveur de l'État ?

Cette question est assez délicate. À première vue il paraît absurde qu'un mort reste maître de quoi que ce soit. Il est certain que la force publique est nécessaire pour assurer l'exécution des actes par lesquels il a disposé de ce qui était son bien pour le moment où il ne le serait plus, parce que lui-même ne serait plus. Il n'est pas moins évident que si les richesses ne s'héritaient pas, si nul ne possédait que ses gains personnels, les inégalités sociales et le pouvoir qu'elles confèrent aux uns sur les autres, seraient singulièrement atténués. En revanche, pour régler d'abord cette question d'utilité, il est naturel de penser qu'en ôtant aux particuliers la faculté de transmettre leurs biens, on arrêterait l'accroissement de la richesse publique, parce qu'on affaiblirait chez tous et qu'on supprimerait entièrement chez un bon nombre les motifs les plus puissants d'accepter les soucis et de surmonter la fatigue de la production. La richesse totale diminuerait donc par l'affaiblissement des motifs qui poussent à l'accroître. En outre, plus les conditions seraient égales, plus on s'approcherait de cette médiocrité propice au bonheur, plus les recettes tendraient à s'équilibrer partout avec les dépenses, sans qu'il fût possible à personne de faire une épargne sérieuse et de créer ainsi des capitaux neufs. Chacun voudrait jouir de ce qu'il gagne, et les gains eux-mêmes seraient fort réduits. Enfin le peu de biens laissés par les particuliers irait au trésor de l'État qui, lui, dépense toujours, emprunte souvent et n'épargne jamais ; de sorte qu'en abolissant le droit de tester on courrait grand risque d'avoir décrété la misère universelle.

Après tout cependant, on pourrait en courir la chance si le testament était réellement une faveur, comme on serait d'abord tenté de le croire. Mais en examinant la question d'un peu plus près, on voit que la faveur de la loi, s'il y a faveur, ne consiste que dans la forme, et que l'institution testamentaire est la régularisation pratique d'un droit naturel. Ce n'est pas la volonté d'un mort qu'on exécute, c'est la volonté d'un vivant qui avait droit de donner ce qu'il a légué. Il pouvait le donner purement et simplement ; il pouvait le donner et s'en réserver l'usufruit durant sa vie. Le legs n'est qu'une donation semblable, avec cette différence que l'acceptation du donataire est retardée jusqu'au moment d'entrer en jouissance. Il est inutile d'exposer ici les motifs de prudence et de convenance qui ont pu suggérer cette forme : chacun comprend combien il importe au propriétaire de garder le secret de ses volontés et de pouvoir les modifier jusqu'à la fin ; mais après tout, ces délais, ce secret sont des accessoires, la donation différée constitue l'acte essentiel, et si le législateur supprimait l'institution testamentaire au profit de la communauté, il se verrait contraint pour atteindre son but d'interdire aussi les donations entre vifs, de contrôler la jouissance, bref d'anéantir la propriété chez les vivants pour s'assurer la dépouille des morts. Le testament se trouve donc finalement inséparable de la propriété, laquelle est à son tour inséparable de la liberté, première condition de toute existence morale. Aussi réclamons-nous le testament comme un droit, vis-à-vis des convoitises du socialisme, convaincu d'ailleurs, soit par des raisons *a priori* péremptoires, soit surtout par l'analyse des cas particuliers et par l'expérience journalière, que les solutions de droit sont aussi les vraies solutions pratiques. Le *summum jus, summa injuria* ne vaut qu'à l'égard des législations arbitraires.

II

Le testament est-il soumis à des restrictions naturelles ? Que faut-il penser des réserves en faveur des enfants et des ascendants ?
— Ces restrictions, qui dans certains pays réduisent à rien le droit de tester, ne découlent pas du principe de la propriété privée et ne s'accordent pas avec lui. Pour les ascendants, il serait assurément scandaleux qu'un homme laissât mourir de faim sa mère pour enrichir des étrangers ; mais hors le cas d'indigence, où les lois accordent aux parents une action contre leurs enfants durant leur vie, il faudrait au moins prendre en considération l'origine des biens dont la succession se compose, à moins qu'on n'entende établir la loi de contrainte en gardienne de la morale, ce qui est, on ne saurait trop le répéter, l'infaillible moyen d'altérer la morale et de l'avilir

Quant aux droits des enfants à la succession paternelle, pour les apprécier équitablement il faut de même avoir égard à la provenance des biens ; il sied aussi d'en considérer la nature. Pour ceux dont l'appropriation résulte exclusivement du fait de la loi, il faut accorder à la loi cette compétence d'en régler la transmission comme il lui plaît. Le souverain, qui a distribué le territoire à quelques familles, peut croire que la stabilité de ces familles garantit la sienne : pour l'assurer il déclarera leur domaine inaliénable, indivisible, il établira le droit d'aînesse, à défaut duquel la conservation d'une hiérarchie sociale serait impossible. Indépendamment de cet intérêt politique, la propriété de la terre s'attache naturellement à la famille plutôt qu'à l'individu. C'est le travail collectif de la famille qui en féconde les sillons. Le paysan n'a besoin que de lui seul pour se ruiner, mais pour s'enrichir, il lui faut le concours des siens. On comprend que la loi reconnaisse aux enfants des droits sur le champ dont ils ont accru la valeur et sur le produit des récoltes qu'ils en ont tirées. Dans une contrée agricole, dans un état social où la propriété foncière est l'élément principal de toutes les fortunes, il est naturel de l'envisager comme un patrimoine, de voir dans les enfants des copropriétaires, dans le chef de famille, un tuteur-gérant, dont la faculté de disposer pour cause de mort n'étant au fond qu'une indulgence, peut être restreinte à des bagatelles.

Mais si le législateur prenait au sérieux la propriété individuelle, s'il se souvenait de la définition qu'il en a donnée lorsqu'il arrive au chapitre de la succession, ce chapitre prendrait une figure assez différente. Les restrictions à la liberté du testateur qui pourraient y subsister en faveur de ses descendants se justifieraient comme une conséquence des obligations paternelles en général. Or, ce que le père et la mère doivent à leurs enfants dans les limites de leurs facultés, ce n'est pas de leur laisser un bien qu'ils ont toute liberté pour gaspiller et pour détruire, c'est de leur procurer une vie d'hommes, en les rendant capables de s'entretenir par leur travail. Ils ne leur doivent absolument rien au delà, sous la réserve pourtant que la carrière à laquelle ils les préparent soit en rapport avec les habitudes qu'ils leur ont fait prendre et le milieu dans lequel ils les ont placés. Mais que, riches ou pauvres, les parents travaillent pour faire souche d'oisifs, cela n'est pas juste, et cela n'est pas non plus conforme à l'intérêt social. Si, par l'effet d'une mort prématurée, les parents n'ont pas pu s'acquitter de leurs obligations naturelles envers quelques-uns de leurs enfants, c'est une dette qu'ils ont laissée et qui grève la succession. L'éducation générale et professionnelle doit être achevée, les enfants introduits dans leur carrière aux frais de la masse ; cette obligation reste la même que le paiement absorbe la totalité des biens laissés par le défunt ou qu'il n'en exige qu'une très faible partie. Cette obligation est sacrée, elle est la seule : au delà de cette limite, la réserve d'une part aliquote de l'héritage en faveur de chacun des enfants n'est qu'un compromis arbitraire entre le principe de la propriété collective de la famille et celui de la propriété individuelle, corollaire de la liberté individuelle.

Le droit de succession peut être réglé suivant trois idées : l'héritage revient de droit à la communauté, qui en dispose suivant ses convenances. — L'héritage appartient naturellement à la famille du défunt, — l'héritage était une propriété personnelle, dont le défunt pouvait disposer à son gré, sous déduction des charges qui pesaient sur elle. On peut appliquer chacun de ces principes avec conséquence ; on peut aussi les mélanger, tempérer les effets de l'un par des dispositifs empruntés aux autres, mais une pratique semblable ne saurait donner que l'arbitraire et le gâchis. Les législations qui frappent d'impôts les successions en ligne directe, celles qui établissent un droit de primogéniture, qui distinguent entre les sexes dans les partages ou qui réservent une légitime à chaque enfant, semblent partir également de l'idée que la succession appartient naturellement à l'État, puisqu'elles accordent à celui-ci la compétence d'en régler la distribution comme il lui convient — à moins toutefois que, plus généralement, elles ne reconnaissent aucun droit naturel du tout. Cette dernière opinion compte aujourd'hui de nombreux partisans ; il serait curieux de savoir si c'est l'opinion du législateur lui-même, curieux aussi de savoir d'où celui-ci tient le droit de légiférer s'il n'y a point de droit. Mais laissons une question que nous avons déjà rencontrée et où nous pourrions rester accrochés.

Le législateur règle donc le droit successoral comme il lui convient. Ce n'est point du tout le respect des nœuds du sang et des copropriétés naturelles qui a suggéré le dispositif du code français d'après lequel la succession d'un père est obligatoirement divisée en parts égales entre tous ses enfants légitimes, à l'exception d'une seule part disponible par testament ; c'est le désir de mettre l'instabilité dans les fortunes, de briser les grandes familles, de supprimer les grandes existences, avec leur clientèle et leur crédit, dont l'influence pourrait, sur un point quelconque du territoire, balancer l'influence du gouvernement. Les avantages d'une semblable combinaison ne pouvaient pas échapper au génie du despotisme. Mais ces partages incessamment répétés réduisent à rien les petites fortunes et rendent la culture des champs impossible. Mais au dessein du législateur de faire régner l'instabilité dans la condition des familles, s'oppose l'instinct de la race, qui aspire à se maintenir. C'est ainsi que l'égalité forcée dans les partages conduit à la dépopulation par la diminution des naissances. Si nous ne pouvons pas faire un héritier, nous n'aurons qu'un enfant, deux au plus, et nous aurons soin qu'ils ne se marient pas sans trouver dans leur conjoint une fortune égale à la leur ; ainsi nos enfants seront aussi bien partagés que nous. On peut se demander si l'auteur du code civil, dont l'appétit pour la chair humaine était si vif, prévoyait cette conséquence de son système. Ce qui est certain c'est qu'elle frappe aujourd'hui tous les esprits qui réfléchissent. Cette cause n'est pas la seule qui tende à restreindre le nombre des enfants dans les familles ; le désir de bien être et de sécurité pour les siens en général et pour soi-même, l'illusion des gens surmenés qui leur fait prendre l'oisiveté pour le repos et le repos pour le bonheur y conspirent assurément. Mais lorsqu'on compare le mouvement progressif de la population française avec celui d'autres pays, lorsqu'on en observe le ralentissement continu depuis la promulgation du code, lorsqu'on a constaté que le total n'augmente plus aujourd'hui que par le contingent des départements les plus pauvres et l'appoint considérable des enfants illégitimes, tandis que le chiffre des morts l'emporte déjà sur celui des naissances dans les provinces les plus fortunées, on ne peut plus douter que ce régime des successions ne soit une cause d'affaiblissement pour un pays dont le monde a besoin, et proprement un lent suicide.

Ce n'est pas seulement la natalité qu'il paralyse, c'est l'initiative et l'énergie des populations. Dans les pays où l'on fait des héritiers, les cadets ne sont pas livrés à l'abandon, ils reçoivent ce qu'on leur doit, on leur apprend de bonne heure qu'ils auront à se faire eux-mêmes leur place dans la société et on les arme pour cette lutte. Ils veulent devenir à leur tour chefs de famille ; ils y parviennent par le travail, dans le pays même, dans ses colonies ou à l'étranger, et par ce travail leur patrie grandit, s'enrichit et se fortifie. Si la loi leur eût garanti de quoi vivre sans rien faire, ils n'auraient probablement rien fait, et leur existence eût été sans profit pour la communauté.

Ce que nous répétons là traîne partout, mais les préjugés à renverser tiennent au sol par de si profondes racines qu'il y faudra revenir bien souvent encore avant d'obtenir quelque changement sérieux dans un régime en faveur duquel plaide un semblant d'équité. Assurément le devoir d'un père est d'aimer également tous ses enfants, assurément il est naturel et convenable pour mille raisons qu'il fasse entr'eux les parts égales ; il est aussi, malheureusement, très naturel au législateur d'imposer l'accomplissement des obligations morales, quitte à les dénaturer infailliblement par cette contrainte. Sans nous flatter de convertir personne, ce qu'il nous importe d'établir ici, c'est que si l'assignation légale à chaque enfant d'une part déterminée de la succession paternelle s'entendrait à la rigueur au point de vue de la propriété familiale, où le testament n'est qu'une inconséquence, bien qu'elle ait pour effet la dispersion des héritages et des familles ; si cette assignation se justifie en principe dans le système qui fait de l'État l'héritier légitime universel, et n'y peut être combattue que par des raisons d'intérêt public ; en revanche elle est inconciliable avec l'opinion qui voit dans la liberté l'attribut essentiel de la personne humaine, qui, sur l'aptitude à la liberté fonde le droit à la liberté, qui trouve dans la propriété privée l'effet ensemble et la condition d'une liberté réelle, bref un droit naturel que l'État protège et ne crée point. Dire que tout ce que je possède est bien à moi, tout en m'empêchant d'en disposer comme il me plaît, c'est tout simplement se contredire. Que le père doive un amour égal à ses enfants, cela ne concerne point la loi. Ici, comme partout, la loi s'égare lorsqu'elle aspire à sanctionner les préceptes de la morale ; comme partout, nous voyons ici l'intérêt public garanti par l'observation de la stricte justice. La famille ne doit pas de fortune à l'enfant, elle lui doit, dans la mesure du possible, les moyens de se créer une position par son travail : la loi qui lui assure, dans la fortune de ses parents, une part déterminée à laquelle il n'a pas droit, a pour effet l'indolence, la routine et la dépopulation ; la loi qui n'assure à l'enfant que l'éducation, à laquelle il a droit, procure au pays un accroissement constant de richesse et d'énergie.

III

Restent les biens des morts qui n'ont pas testé. Le principe de la propriété privée demande qu'on en dispose conformément à la volonté présumante du défunt, et dans ce cas la dévolution de la succession aux descendants sur un pied d'égalité paraît bien la disposition la plus équitable. S'il ne fallait pas tenir compte des morts subites et des cas nombreux où le défunt a différé d'exécuter les dispositions qu'il voulait prendre, on pourrait dire qu'une fois la liberté de tester pratiquement reconnue, les dispositions adoptées relativement à la distribution des successions *ab-intestat* deviennent en quelque mesure indifférentes, dans ce sens que tous ceux qui les désapprouvent sont libres de s'en affranchir. Sans aller jusque-là, notre objet n'exige pas de nous l'examen de ces dispositions, qui varient beaucoup d'un pays à l'autre.

En somme, nous croyons avoir établi que la faculté de transmettre librement ses biens est inséparable de la propriété privée, sans laquelle il n'est pas possible à l'homme de réaliser sa liberté naturelle ; de sorte que le testament doit être considéré comme un droit naturel et que les dispositions contraires ne sont pas justes.

DROITS DÉCOULANT DE LA PROPRIÉTÉ

La richesse, fille du travail, en est aussi l'instrument : considérée en cette relation elle prend le nom de capital.

I

Je puis utiliser mon capital moi-même ; je puis en confier aussi l'usage à d'autres personnes, et pour que les deux contractants y trouvent leur compte, les produits obtenus par le travail au moyen de ce capital devront être partagés entr'eux.

Suivant quelle proportion ? — C'est ce qu'il est impossible d'énoncer dans une formule générale, l'importance relative du travail actuel, de l'emplacement fourni par la nature et du travail antérieur capitalisé différant du tout au tout d'un produit à l'autre.

De quelle manière la répartition peut-elle être effectuée ? — Partager le produit créé suivant la proportion convenue est le procédé le plus naturel ; il est employé fréquemment dans l'agriculture et dans quelques autres industries, telles que la pêche maritime. C'est le contrat de *métayage*, où les deux parties courent ensemble les mêmes risques. — Celui qui a besoin d'un revenu fixe et qui cherche la tranquillité préférera louer son bien pour un prix déterminé d'avance, en laissant à son *fermier* les chances de profit et de perte. — Celui qui ne redoute pas ces chances, et qui veut augmenter le produit de son propre travail en l'appliquant au travail d'autrui, se procurera des ouvriers moyennant un *salaire* à tant la pièce, l'heure, le jour ou l'année, il leur assignera leur besogne, dont il fera siens tous les produits. Ces trois formes de répartition sont également légitimes, pourvu que les contractants soient libres, non par façon de parler mais réellement.

II

De nos jours, toute la production industrielle proprement dite et le gros du travail agricole dans les pays de grande propriété s'effectuent, moyennant un salaire fixe, par des ouvriers qui n'ont aucun intérêt direct au produit. Le défaut de ce procédé, d'ailleurs fort commode, c'est l'opposition d'intérêts qu'il établit entre les deux agents de la production, l'ouvrier trouvant son compte à donner le moins possible de lui-même en échange du prix qu'il reçoit, le patron, à tirer de l'ouvrier le plus possible en échange du prix qu'il débourse. Mais avec des heures et des tâches bien réglées, cet inconvénient ne se fait pas trop sentir dans les exploitations qui n'exigent des ouvriers ni talent particulier ni beaucoup d'efforts, c'est-à-dire dans celles qui en emploient le plus grand nombre. Dans ces conditions, si le travail de la mine ou de la fabrique pouvait être l'objet d'un libre choix, s'il laissait à l'ouvrier le temps de réparer ses forces, de cultiver son esprit et de remplir ses devoirs de famille, si le prix de son labeur lui permettait d'ordinaire une épargne, ce qui devrait généralement être le cas, puisqu'il s'est créé de nos jours plus de capitaux que jamais et que la totalité du capital existant n'est que le reliquat du travail passé, le salariat serait un régime irréprochable.
— Malheureusement il ne présente point cet aspect d'ordinaire. La classe la plus nombreuse étant pauvre, consomme peu, tandis que les machines travaillent vite ; de sorte que, dans la règle, il y a plus de mains à occuper que d'ouvrage à faire. Contraint de chercher au loin des débouchés et d'offrir sa marchandise à des prix ravalés par la concurrence, le fabricant ne saurait payer de bien forts salaires et donne en fait le moins qu'il peut ; tandis que l'ouvrier isolé se voit obligé d'accepter ce qu'on lui propose sous peine de

mourir de faim. S'il insistait pour obtenir mieux, on se passerait de lui sans difficulté ; lui, par contre, ne saurait se passer d'ouvrage au lieu qu'il habite et dans le métier qu'il sait faire ; il dépend absolument de l'atelier.

La misère se cache, l'opulence éclate aux yeux, mais le nombre des riches n'est grand nulle part ; tandis que l'indigence est à peu près universelle. Le revenu total du pays le mieux partagé divisé par le chiffre de ses habitants donne un quotient avec lequel aucun de nos lecteurs ne pourrait vivre conformément à ses habitudes. Cette pauvreté ne tient pas à des nécessités naturelles ; il reste en friche des terres fertiles pour un assez long avenir, et si les moissons de nos vieux pays ne suffisent plus à nourrir tous leurs habitants, nous pourrions créer des valeurs d'échange en quantités illimitées ; sans parler de l'émigration, qui n'offre aux lieux surpeuplés qu'un soulagement de courte durée. Ce qui arrête la production, c'est le défaut de consommateurs, et l'impuissance du grand nombre à consommer tient à la mauvaise distribution des ressources.

III

Pour imparfaite que puisse être chez nous la répartition des biens, et quelques inconvénients qu'elle entraîne, il faudrait bien en prendre son parti si l'on pouvait y voir le simple effet des inégalités naturelles : car l'ordre amené par le jeu de la liberté dans la paix est l'ordre même de la justice, que la charité peut adoucir, mais que nul pouvoir ne saurait entreprendre de changer par voie de contrainte sans renverser son propre fondement. Il n'en est pas ainsi : comme la terre est la source primitive de tous les biens réalisés par le travail, la propriété foncière est l'origine de toutes les propriétés. Ainsi que nous l'avons rappelé dans le précédent chapitre, cette appropriation remonte au partage du territoire effectué par le souverain, d'où résulte une première inégalité dont l'autorité publique est responsable. Politique à l'origine aussi bien qu'économique, l'inégalité de richesse a perdu maintenant ce premier caractère, mais elle s'était aggravée et consolidée par l'effet des lois qui ont transformé la possession des domaines à titre onéreux en propriété franche et perpétuelle entre les mains des bénéficiaires. En donnant aux fortunes une assiette ferme, la propriété foncière, dont l'origine est toujours politique et qui n'est pas de droit naturel, en a déterminé la concentration progressive. Toute épargne supposant un revenu supérieur à la dépense obligée, le riche seul peut accumuler, et les biens en circulation viennent forcément grossir les biens consolidés. Traitements, pensions, dotations, ferme des impôts, concessions, adjudications, monopoles, négligence ou favoritisme, établir en détail que l'État n'est point étranger à la distribution des richesses qui s'observe dans nos sociétés serait vraiment prendre une peine inutile ; ceux qui contestent ce fait aujourd'hui le contesteront toujours, quels que soient le nombre et l'évidence des preuves qu'on en fournira. Les mieux avisés s'ingénient à n'y point songer. Nous tenons la preuve pour faite, et nous en concluons que l'État est responsable des suites fâcheuses que cette distribution entraîne après elle, qu'il est tenu d'y porter remède dans la limite de ses facultés, et que cette obligation lui donne un titre pour s'y employer.

Si l'on accorde que l'État est pour quelque chose dans la collocation de la richesse actuelle, il ne suffira point pour le mettre hors de cause d'alléguer qu'avec l'égalité la plus complète au point de départ et le respect du principe que chacun a droit au produit de son travail, la diversité des chances et des aptitudes aurait bientôt ramené l'inégalité dont on se plaint. Autant vaudrait dire qu'un assassin devrait être absous s'il pouvait établir que, lorsqu'il a fait son coup, la santé de sa victime était compromise. En fait d'ailleurs, la thèse serait contestable : l'inégalité n'aurait acquis ni la permanence, ni par conséquent les proportions qui la signalent aujourd'hui, si l'appropriation s'était bornée à ce qui est propriété naturelle, l'État garantissant à chacun le produit de son travail ou du travail de ceux dont il le tient et ne garantissant pas autre chose. Bien qu'on affecte de dire qu'il n'y a plus de classes, en se fondant sur l'égalité des personnes du même sexe devant la loi, l'existence de multitudes dépourvues de tout avoir constitue bel et bien deux classes ; car s'il est généralement assez facile de se ruiner, en revanche, celui qui n'a pour vivre et pour entretenir une famille que le salaire moyen d'un simple ouvrier ne peut qu'à la faveur de dons très exceptionnels atteindre une position différente, tellement que sans un secours extérieur il manquerait du strict nécessaire dès que l'âge ou la maladie le priveraient de son gain journalier. Le but de l'industriel est la fortune et le plus souvent il l'atteint en quelque mesure, preuve en soit l'accroissement régulier de l'avoir collectif. Après dix ans, quinze ans, vingt ans de travail, il passe la main à d'autres et consacre désormais son loisir à suivre ses goûts. Son ouvrier entre à huit ou neuf ans dans un travail qu'il poursuivra jusqu'à la tombe, sans autre plaisir ni but que de boire et de procréer des ouvriers pour un avenir pareil au sien[1].

---

1. Un négociant considérable de Liverpool disait récemment à l'auteur que la moitié des fabricants du Lancashire étaient d'anciens ouvriers. Ce fait intéressant prouverait peut-être qu'un ouvrier sur mille s'élève au-dessus de sa condition première, ce qui ne change pas notre conclusion.

IV

Ce sont bien deux classes, et le mal, au fond, n'est point là. Le mal est que la seconde, de beaucoup la plus nombreuse, ne se trouve pas dans des conditions compatibles avec le développement de l'humanité. Peut-être même, en y regardant avec attention, découvrirait-on qu'il faut en dire autant de la première. Il y a beaucoup de maux inévitables dans ce monde ; mais rien ne prouve que celui-ci soit inévitable, et ce n'est qu'à titre de mal inévitable qu'on pourrait envisager comme une condition normale le salariat que nous connaissons. Et si les lois, si l'action des pouvoirs publics sous une forme quelconque sont pour quelque chose dans les faits qui l'ont amené, le législateur ne saurait s'en désintéresser. Si les positions respectives du manœuvre et du capitaliste qui l'emploie ne laissent pas au premier la liberté de refuser les conditions qui lui sont offertes, l'État doit chercher à lui rendre cette liberté. C'est ainsi que les rapports du capital et du travail ne sont pas seulement un problème économique, mais un intérêt juridique ; c'est ainsi qu'il y a réellement une question sociale.

La considération qui justifie une intervention de l'État en marque aussi les limites et le caractère. Sa mission n'est point de corriger les effets naturels de la liberté pour établir violemment une égalité contre nature ; c'est de restaurer la liberté compromise par des faits dont il ne saurait décliner absolument la responsabilité. L'État qui comprend son devoir n'essayera pas d'élargir sa compétence. Il sait que son intervention n'a pas pour objet dernier le bien-être et la sécurité matérielle de ceux qui se plaignent, mais qu'il importe avant tout de respecter et de cultiver en eux les qualités vraiment humaines. Faire à leur place ce qu'ils pourraient faire eux-mêmes, les dispenser d'un effort dont ils seraient capables, serait donc marcher dans le sens contraire au but.

Ensuite, en s'efforçant de réparer l'injustice des lois, il faut respecter autant que possible les droits acquis sous l'empire et sous la protection de ces lois injustes. Autant que possible, disons-nous : lorsqu'on s'est égaré il n'y a pas toujours moyen de revenir au bon chemin en suivant une ligne droite. On ne fait pas d'omelette sans casser des œufs, dit le proverbe. Le proverbe a peut-être tort, deux petits trous suffiraient à vider la coque, mais toujours y faudrait-il pratiquer deux petits trous. Bref, il ne peut être ici question que de transactions équitables, c'est-à-dire du moindre mal.

Enfin, il n'est pas permis de toucher à la distribution des richesses sans avoir égard à leur production. Hors des objets de luxe incapables de procurer un soulagement quelconque aux nécessiteux, et qui perdraient à peu près toute leur valeur dès l'instant où les inégalités sociales seraient supprimées, les trésors de la société ne consistent qu'en instruments de travail. Toutes les réserves de consommation de ce globe disparaîtraient en quelques semaines. L'humanité ne vit que des récoltes de l'année ; et comme, après tout, nul ne peut manger qu'à sa faim, comme les capitaux ne rapportent rien sans le travail qui les met en œuvre et qui trouve sa rétribution dans les produits, la première chose à considérer est toujours que la somme des produits soit suffisante. Elle ne l'est pas aujourd'hui ; supérieure au pouvoir d'achat des multitudes, elle reste au dessous de leurs vrais besoins. Dès lors toute mesure destinée à procurer une distribution plus satisfaisante, qui tendrait à diminuer la production en affaiblissant les mobiles propres à vaincre notre indolence naturelle ou de toute autre façon, doit être absolument réprouvée. Réflexion peut-être banale, qui suffit à la condamnation du collectivisme, dont les escouades ne fonctionneraient vraisemblablement que sous le fouet, et qui nous aurait bientôt plongés dans la misère la plus sordide.

Ces tristes prévisions sont contestées. Ceux qui les émettent sont accusés de calomnier le genre humain ; les socialistes estiment que le sentiment de la responsabilité collective suffirait à remplacer l'aiguillon du besoin. Mais qu'on observe au lieu de rêver et d'affirmer ce qu'on souhaite ; qu'on voie avec quelle mollesse l'ouvrage s'exécute dans les bureaux des gouvernements ; qu'on mette en parallèle le travail d'un journalier avec celui du paysan sur son propre champ, et l'on ne tardera pas à se convaincre que sans un changement général des dispositions morales, le fonctionnarisme universel serait un agent de production bien insuffisant. S'il ne faut pas désespérer d'un tel changement, si l'on peut avec une certaine apparence juger qu'une meilleure organisation des rapports économiques serait un moyen efficace d'amener une réforme des mœurs, du moins faut-il se garder avec soin de prendre pour certitude un espoir fondé sur notre désir et d'escompter une réforme qui, fût-elle possible, ne saurait être l'œuvre d'un jour ni même d'une génération. Chacun pour soi : c'est la malédiction du présent. Un pour tous, tous pour un : c'est l'idéal et c'est l'espérance. Le problème pratique consiste à découvrir le chemin qui conduit de l'un à l'autre, car ce chemin n'est point trouvé. L'auteur de *Looking backward*, cette utopie enfantine qui a charmé tant de lecteurs des deux côtés de notre océan, est loin de faire comprendre le passage de la concurrence au communisme et de l'intérêt personnel à la solidarité volontaire.

Il y a ici trois problèmes sur lesquels on est en droit de demander au collectivisme des explications catégoriques : l'un est juridique, le second moral, le troisième relève plutôt de la statistique.

Problème juridique : comment faire passer les outils, les capitaux entre les mains du gouvernement sans dépouiller du fruit de leur travail ceux qui les possèdent ? Suffirait-il pour cela d'assurer à ces derniers un menu choisi jusqu'à leur mort, sans rien stipuler pour leurs enfants ?

Problème moral : comment surmonter sans l'emploi de la contrainte, l'indolence et l'imprévoyance naturelles d'un ouvrier qui ne pouvant plus rien pour son avenir ni pour celui de sa famille, n'aura d'autre souci personnel que le pain du jour ?

Enfin, troisième question non moins pressante : comment trouver, pour *fixer* et *régir* les destinées individuelles, un personnel de gouvernement exclusivement préoccupé du bien public, sans égard à ses avantages particuliers, lorsqu'on n'en trouve pas pour la besogne incomparablement plus restreinte qui lui incombe aujourd'hui ?

Avant qu'il ait été répondu à ces trois questions d'une manière satisfaisante, il faudra bien ranger le collectivisme au nombre des rêves. Et si l'on analyse avec quelque attention les mobiles dont il s'inspire, on se verra forcé d'ajouter : au nombre des mauvais rêves.

V

Nous ne faisons point rentrer dans les moyens de résoudre la question sociale, ou plus exactement de guérir le mal social, les institutions de bienfaisance et les combinaisons économiques destinées, soit à subvenir aux nécessités extrêmes, soit même à rendre la condition du salarié plus tolérable, sans rien changer au rapport qui l'unit à l'entrepreneur, telles que sont, par exemple, les assurances contre la maladie et les infirmités de l'âge. C'est la perpétuité d'une classe enchaînée à des travaux sans intérêt et sans avenir, c'est l'antagonisme fondamental des intérêts entre les collaborateurs au même produit qui sont à nos yeux la chose à détruire. Il ne s'agit pas d'étançonner le salariat, il s'agit de le transformer.

Ce résultat peut être poursuivi de plusieurs manières. Il y a d'abord la voie autoritaire : on peut invoquer des mesures législatives, et le suffrage universel suggère un espoir assez légitime de les obtenir.

Mais on peut se flatter aussi d'arriver au but par l'activité des parties intéressées se déployant dans le cadre des lois actuelles ; c'est le chemin des procédés amiables, lequel bifurque aussitôt : Comme il y a deux intérêts en présence, l'intérêt des patrons et celui des ouvriers, les mesures réformatrices peuvent émaner de l'initiative des patrons, de l'initiative des ouvriers ou de leur concours.

Partant de cette division, nous donnerons hautement et sans hésiter la préférence à des arrangements amiables sur des mesures de contrainte qui supprimeraient la liberté des conventions et violeraient infailliblement des droits acquis. Lorsque le seul moyen de réparer une injustice grave est d'en commettre une autre plus légère, il faut s'y résoudre ; mais c'est un fâcheux pis-aller. Si cette considération ne semblait pas suffisante, chacun sait combien les ordres en de tels sujets provoquent la résistance, et l'on comprend de reste à quelles extrémités la résistance aboutirait. Fût-il d'ailleurs tout puissant, le gouvernement aurait grand'peine à calculer l'effet des mesures prises et ne serait jamais impartial. De toutes manières il convient dès lors de restreindre son intervention au minimum indispensable ; mais il ne faut pas renoncer à la réclamer s'il subsiste un tel minimum, puisque l'État trouve dans ses propres antécédents des raisons pour l'accorder suffisantes et surabondantes.

Quant aux moyens pacifiques, aux réformes spontanées, celles dont les ouvriers prendraient l'initiative ont plus d'importance à nos yeux que ce qui viendrait des patrons. L'intérêt apparent des patrons serait de conserver ce qui existe autant que possible ; s'ils essayaient d'y apporter des changements de quelque importance, ce serait vraisemblablement par des motifs de prudence, dans le but d'éviter pis. Peut-être y seront-ils aussi portés par des considérations de justice et d'humanité ; nous en avons, Dieu merci, des exemples, bien des exemples, et le nombre en croît chaque jour. Néanmoins l'expérience nous enseigne à tous de bonne heure que les motifs désintéressés sont les plus faibles sur la masse des êtres humains et que la modération, la prévoyance qui en feraient sacrifier de bonne grâce une partie des avantages qu'on possède afin d'assurer le reste sont des vertus plus rares encore. Sans être le moins du monde une quantité négligeable, les chefs qui descendent volontairement de leur position exaltée pour se rapprocher des ouvriers resteront donc une fraction numérique assez faible[1] aussi longtemps que la nécessité positive ne s'en fera pas sentir, et les concessions que la majorité des maîtres accorderait de bon cœur seraient des concessions insignifiantes. On peut s'en convaincre par la lenteur désolante avec laquelle se répand le régime de la participation aux bénéfices.

Il est vrai que ce système n'est pas également applicable à toutes les industries. Mais si dans celles mêmes où les succès en sont magnifiques il ne se généralise point, c'est que la réduction des profits qu'il impose n'est compensée que par des économies de matériel dont l'expérience permettrait seule d'apprécier l'importance, par une problématique extension des affaires et par un supplément de sécurité dont les chefs ne sentent pas trop le besoin ; tandis qu'en donnant un intérêt à leurs gens de main, ils suggèrent infailliblement à ceux-ci le désir d'exercer sur la direction des affaires, désormais communes, un contrôle auquel ils ne sont pas sûrs de pouvoir se dérober indéfiniment. Cependant, il est aisé de se convaincre que la généreuse initiative des chefs d'industrie éveille chez leurs employés une reconnaissance effective, et que les avantages d'une solidarité volontaire ne sont pas tous du même côté. Sans nous arrêter à des exemples déjà célèbres, nous ne citerons que le cas récent d'une fabrique de draps de Huddersfields, dont les ouvriers, admis depuis trois ans seulement à partager les bénéfices de l'entreprise, ayant appris que les résultats de l'année ne permettaient pas de servir un intérêt aux actions, résolurent à l'unanimité de le payer eux-mêmes sur les dividendes qu'ils avaient touchés précédemment.[2] Mais il faudrait bien des exemples pareils pour décider un mouvement un peu général ; et encore ! Les patrons ne se soucient pas de changer de rôle, ils trouvent que l'ordre social qui a permis à leur père de s'enrichir et qui leur a permis de tripler ce patrimoine a beaucoup de bon. Satisfaits de leur condition, il convient que les ouvriers s'arrangent aussi de la leur.

Il ne faut donc faire crédit à l'initiative des patrons que dans une limite plus ou moins restreinte. Les ouvriers, en revanche, ont un tel intérêt à la réforme du salariat et leur force collective est si grande que s'ils se rendaient tous compte de leur position, s'ils s'accordaient sur le chemin pour en sortir, rien ne pourrait les empêcher de le suivre, dût-il aboutir au précipice.

---

1. Afin de prévenir autant que possible les malentendus, rappelons qu'il ne s'agit pas ici de mesures pour améliorer la condition du salarié, mais pour modifier le salariat, comme nous l'avons dit un peu plus haut.
2. Lettre de M. Wimey, secrétaire de *Labour Association*, publiée par *le Standard*, le 7 février 1890.

VI

De quels moyens disposent donc les ouvriers pour améliorer leur condition en dehors des procédés autoritaires, qui les supposent maîtres du pouvoir et que nous avons écartés ?

Pour commencer, ils ont la grève, depuis que le déplacement graduel des influences politiques leur a fait reconnaître, bien tardivement, le droit de se concerter pour faire grève. Mais la grève ne réussit pas toujours, loin de là ; la grève est un moyen non moins ruineux pour la classe ouvrière que pour les possesseurs du capital. Enfin la grève n'a tendu jusqu'ici qu'à changer les conditions du travail dans le salariat : on n'a pas encore essayé de s'en servir pour renverser ce régime et pour le remplacer par autre chose. La grève n'appartient donc à notre sujet qu'indirectement, en ce sens qu'en forçant l'élévation des salaires elle pourrait augmenter les ressources de l'ouvrier en vue d'une action ultérieure. Pour l'employer directement à la réforme, il faudrait que celle-ci, bien définie et suffisamment expérimentée, fût inscrite au programme de l'ouvrier.

Le but raisonnable du mouvement ne saurait être, suivant nous, qu'une organisation de l'industrie conforme aux exigences de l'équité et de la liberté, c'est-à-dire une organisation dans laquelle chacun recevrait la valeur intégrale de son travail, ce qui n'arrive point aujourd'hui. Il est certain que le travail du directeur vaut plus que celui d'un manœuvre, mais il ne vaut pas cinq cents fois plus, mille fois plus. Il faudrait rétablir les proportions. Nous ne voyons qu'un moyen pour cela sous le règne de la liberté et dans les conditions de la grande industrie : c'est que l'ouvrier devienne copropriétaire de l'établissement dans lequel il travaille.

La participation conduit à ce résultat désirable : c'est la route ouverte par les patrons. Les sociétés coopératives de consommation en marquent une autre, jalonnée sinon frayée, par les ouvriers eux-mêmes. Leur effet immédiat est de réaliser une économie sur la dépense d'entretien, et par là de faciliter l'épargne, qu'une combinaison des statuts peut effectuer d'elle-même si les actionnaires se sont proposés pour but l'épargne, et par l'épargne l'affranchissement. Mais l'économie n'est pas complète aussi longtemps que les sociétés locales, qui ne peuvent desservir qu'un petit rayon, achètent elles-mêmes chez le marchand. Elles vont donc se confédérer pour fonder un magasin central qui s'approvisionnera directement chez le producteur, où qu'il se trouve, et qui profitera des avantages assurés aux clients dont la commande pèse d'un poids appréciable sur le marché. Pour arriver à de tels résultats, il faut s'entendre, et s'entendre c'est se cultiver. Enfin, établies sur un grand pied, comme dans les Îles Britanniques où les *Wholesale* font circuler annuellement plusieurs centaines de millions, ces fédérations de consommateurs ne tarderont pas à joindre aux profits du détaillant, puis aux profits du négociant, les profits de l'industriel, en fabriquant elles-mêmes les articles qu'elles emploient, dans des fermes et des ateliers dont les produits se trouveraient ainsi placés d'avance.

L'ouvrier qui, pour quelques francs, devient membre d'une société coopérative, serait donc, en sa qualité de consommateur, propriétaire partiel des établissements où il s'approvisionne ; il ne le serait pas encore personnellement de celui dans lequel il travaille. Les sociétés coopératives de consommation achèteront-elles de préférence les produits du travail coopératif ? donneront-elles à leurs propres ouvriers une part dans leurs bénéfices, ou les paieront-elles simplement à la tâche ou à la journée, comme le vulgaire des patrons ? Le magasin de gros écossais poursuit jusqu'au bout l'application de l'idée coopérative, l'anglais, plus important par son chiffre d'affaires, a résisté jusqu'à ce jour aux sollicitations qui le pressent d'entrer dans la même voie, et n'a montré d'autre ambition que de produire aux plus bas prix possibles.

Les sociétés de consommation finiront par trouver qu'il y a mieux à faire, tout comme les *Trades Unions* finiront par comprendre que de courtes journées et de gros salaires ne sont pas encore la liberté. Les loisirs et les gros salaires sont un mal positif pour ceux qui les dépensent au cabaret. La fin du loisir est l'instruction, la fin de la haute paie est l'épargne, ces deux maîtres outils de l'affranchissement. La boutique sociétaire ne constituerait après tout qu'un progrès mesquin si elle n'aboutissait pas à la production coopérative, et la production coopérative à son tour ne saurait s'établir sur une base assez large pour modifier en quelque mesure la condition du prolétariat, sans une préparation que le courage éclairé de quelques patrons pourra lui fournir exceptionnellement dans la participation aux bénéfices, et que l'ouvrier se procurera lui-même quand il le voudra par le jeu des associations coopératives de consommation, s'il en pratique fidèlement les règles et s'il sait attendre. La production coopérative ne saurait aboutir que sur la base de la consommation coopérative. La première exige des capitaux considérables, qui doivent être la propriété des coopérateurs eux-mêmes ; car les avances de l'État ou de la philanthropie n'aboutiraient, comme du passé, qu'à des gaspillages propres à compléter le discrédit où le travail libre est déjà tombé.

La coopération d'approvisionnement reste jusqu'ici le meilleur moyen de réunir les capitaux nécessaires à toute réforme sérieuse dans la condition du travailleur ; l'épargne directe et spontanée, où nous reviendrons tout-à-l'heure, n'est possible qu'aux salaires exceptionnels. Avant d'insister sur l'épargne, il faut donc organiser et populariser les moyens de la faire et de la rendre féconde. Malgré tout, l'épargne collective des ouvriers, si considérable qu'on l'imagine, sera toujours peu de chose au prix de celle des classes riches. Les grandes avances sont donc impossibles aux producteurs coopératifs, les grands risques leur sont interdits, pour eux les accidents sont mortels. La fragilité de ce véhicule réclame une route aplanie, mais la coopération d'achat l'aplanirait, elle procurerait à l'association productive un débouché certain, qui la garantirait contre tous les risques. Livré à lui-même, le travail sociétaire a déjà subi tant d'échecs qu'il est à peu près ruiné dans l'opinion des ouvriers eux-mêmes. Cependant, quelques succès éclatants et durables en démontrent la possibilité. Si l'on pouvait et si l'on daignait y réfléchir, on comprendrait qu'une transformation si considérable, qui n'a pas pour objet la matière inerte, mais l'activité des hommes, leurs habitudes, leur intelligence et leur volonté ne saurait s'accomplir que lentement, au prix de beaucoup d'essais et de beaucoup d'efforts, de sorte qu'un succès unique prouve infiniment plus que mille revers.

Les causes de ces derniers ont été cent et cent fois expliquées ; elles n'ont rien d'insurmontable en elles-mêmes. On peut les ranger sous trois chefs :

Causes matérielles : l'insuffisance des capitaux. — Un système d'épargne individuelle et collective, automatique et spontanée, pratiqué durant quelque temps, les procurerait, au moins en partie, et le procédé même de leur acquisition ferait naître une confiance qui permettrait aux sociétaires de compléter leurs avances par le crédit, au prix du marché.

Cause intellectuelle : absence de lumières et de capacités administratives et commerciales. — Ce défaut tend à se corriger de lui-même, car les ouvriers sont avides d'instruction. Mais un gouvernement bien intentionné peut être ici du plus grand secours par l'organisation des écoles professionnelles.

Cause morale : l'obstacle d'ignorance serait écarté dès aujourd'hui, sans difficulté, s'il ne se compliquait de l'indiscipline, de la défiance, de la jalousie, de l'égalitarisme bas et bête, qui se refuse à rémunérer chaque service en raison de son utilité réelle. — Quand les ouvriers auront appris la subordination, quand ils consentiront à traiter leurs gérants suivant leurs mérites, il leur sera facile de trouver des hommes instruits et capables pour les conduire ; ils les choisiront parmi les plus généreux.

VII

Il reste que le travail libre requiert des agents instruits et qui aient déjà quelque chose en propre : c'est assez dire que nos générations ne peuvent pas compter sur lui pour améliorer sérieusement leur destinée. C'est l'espérance de l'avenir. Les gouvernements dignes de leur office travailleront à préparer cet avenir, tout en adoucissant les maux présents dans la mesure du possible. En imposant à cette fin quelque charge aux privilégiés, ils ne feront, nous le répétons, que s'acquitter d'une dette.

Il n'est point malaisé d'établir la dette, et ceux qui s'obstinent à la contester encore ne trouvent plus guère créance hors du cercle des intéressés : le difficile est de payer sans aggraver la situation qu'on voudrait adoucir. Une transformation salutaire et durable dans la condition des classes dépouillées ne saurait résulter que de leurs propres efforts. En effet, le socialisme d'État conséquent, c'est-à-dire le collectivisme, n'aboutira jamais qu'à l'esclavage universel dans la misère universelle ; on ne saurait trop le répéter aux masses, quant aux gens éclairés, ils le comprennent tous et tous le confessent, à l'exception des habiles qui pensent trouver dans la crise, quelle qu'en soit l'issue, la satisfaction de leurs appétits. D'autre part, le socialisme d'État tempéré auquel on s'essaie en Allemagne, introduit le gouvernement dans tous les rapports domestiques, rend la prévoyance inutile, par conséquent la supprime, et met tous les ouvriers dans la dépendance absolue du fonctionnaire auquel il appartient de liquider leur retraite. Les amis de la liberté chercheront le remède ailleurs ; ils réclameront l'intervention de l'État le moins possible, le plus tard possible, et seulement en se fondant sur un motif de droit.

Mais le droit est réel, le besoin est urgent, quoique le prolétariat ne puisse être relevé que peu à peu, lentement et par son propre effort. Il appartient dès lors à l'État de soulager sa condition présente aussi longtemps qu'elle subsistera, puis de lui faciliter l'effort nécessaire à la transformation désirable. Sans chercher quels seraient les meilleurs moyens d'atteindre ce double but, nous dirons un mot de ceux que l'opinion des intéressés conçoit et réclame.

Plusieurs parlent d'un minimum au-dessous duquel il ne serait pas permis de stipuler un salaire. Nécessairement proportionnel au prix des subsistances, un tel minimum varierait sans cesse et ne pourrait être fixé que pour un rayon de peu d'étendue. Il ne saurait donc s'appliquer à la confection des produits dont le prix est déterminé par la concurrence. Cette dernière considération montre suffisamment combien un tel remède est illusoire, aussi n'aura-t-on pas beaucoup de peine à l'écarter.

Ce que le peuple ouvrier demande depuis longtemps, assez distinctement pour être entendu, ce que d'un mouvement unanime il a demandé le 1er mai 1890 dans tous les pays civilisés, ce qu'un souverain très puissant a tenté d'obtenir en sa faveur, c'est un règlement limitatif du temps pendant lequel sa présence peut être exigée. S'il est possible que ce temps soit abrégé sans entraîner dans le salaire une réduction proportionnelle, il est clair qu'une telle mesure adoucirait la condition du travailleur, en lui donnant le moyen de se cultiver, peut-être même celui d'épargner par le travail domestique, non toutefois sans l'exposer aux risques déjà signalés plus haut, si le progrès des mœurs ne correspondait pas au progrès des lois. Plusieurs États industriels ont déjà fait quelques pas dans la direction indiquée, et l'on a constaté que la réduction des heures de travail n'entraîne pas toujours un abaissement dans la production. Néanmoins, comme cette observation ne saurait se vérifier que dans des limites assez étroites, il est toujours à craindre qu'en renchérissant les produits, la réduction des heures de travail n'en arrête l'écoulement, et que le pays trop empressé de décharger ses ouvriers n'en vînt à ruiner son industrie. Ici encore les mesures de justice et d'humanité se heurtent à la concurrence. Aussi les ouvriers demandent-ils depuis longtemps que la durée légale du travail dans les ateliers soit réglée par des conventions internationales. Il est clair que ce temps ne saurait être le même pour toutes les classes d'ouvriers, ni pour tous les genres de travaux, ni peut-être sous tous les climats. Il faudrait donc distinguer, spécifier, les difficultés seraient grandes, mais nullement insurmontables si l'on y mettait du bon vouloir et si l'on ne prétendait pas établir un contrôle bien rigoureux sur l'exécution des engagements réciproques, ce qui paraît inutile pour une loi dont les intéressés eux-mêmes surveilleraient l'observation à l'intérieur de chaque pays. Pour forcer les États récalcitrants à tenir leurs promesses, il suffirait de la douane. Le souci d'indépendance qu'on ne manquera point d'alléguer, comme on l'a déjà fait, pour décliner l'entrée en matière, prouvera donc simplement qu'on n'a pas l'intention de venir en aide à l'ouvrier. Il est manifeste en effet que s'il s'agit d'une amélioration sérieuse, une mesure internationale peut seule aboutir. Tant que les prix seront déterminés par la concurrence, les frais de production supplémentaires causés par la réduction des heures de travail devraient être compensés par la diminution des salaires et des profits ; tandis qu'une mesure universelle, ne changeant rien aux rapports des concurrents ne toucherait ni les profits, ni les salaires, mais produirait simplement une hausse des prix uniforme et très supportable.

Donc si la condition du salariat doit être adoucie dans le présent, c'est par un concours des peuples et des gouvernements qu'on y parviendra. Ce qui est fait aujourd'hui n'est pas grand'chose, mais l'impulsion est donnée, les pouvoirs politiques ont reconnu leur responsabilité, les devoirs d'entente et de concert que la solidarité des intérêts leur impose. Sous son nouveau chef, l'Internationale est une puissance avec laquelle il faut compter.

VIII

Il ne suffit pas d'adoucir le salariat, il le faut réformer, il faut supprimer l'antagonisme de l'entreprise et de l'exécution, en assurant à l'ouvrier, avec la propriété de son outil, la propriété de son ouvrage. Pour des raisons déjà produites, son épargne préalable est indispensable à ce résultat.

L'épargne n'est pas encore bien entrée dans les habitudes de l'ouvrier, et cela se comprend : Non seulement elle est douloureuse et se pratique aux dépens de la santé, c'est-à-dire de l'avenir ; mais effectuée isolément, le résultat économique le plus prochain en est lui-même équivoque. Elle permet à certains ouvriers d'accepter des salaires insuffisants pour leur entretien, si bien que non seulement la part économisée des salaires déjà payés rentre dans le gousset du patron, mais que la condition des camarades s'en trouve empirée. Pour acquérir une valeur certaine et contribuer à la réforme sociale, l'épargne devrait être universelle. Dans une conférence faite à Lausanne au mois de janvier 1890, un architecte, entrepreneur en bâtiments, M. Élie Guinand, a proposé de la rendre obligatoire et naturellement d'en remettre le soin au patron, qui ne pourrait payer une partie du salaire quotidien qu'en bons nominatifs portant intérêt et remboursables seulement dans des circonstances déterminées. La constitution forcée d'un semblable capital pourrait sans doute être utile, surtout en stimulant l'épargne volontaire, mais aussi bien que la journée normale et pour les mêmes raisons, l'épargne obligée réclamerait une législation internationale. Son introduction dans une industrie exposée à la concurrence contraindrait effectivement à réduire d'autant le salaire en espèces, tandis que la mesure universellement adoptée agirait comme une loi de la nature, ainsi qu'un auditeur l'a fort bien dit, et se traduirait par un relèvement des prix de vente. Les assistants paraissaient d'accord pour admettre que l'épargne d'office aurait du bon si tous les États pouvaient s'entendre pour l'ordonner, mais qu'un tel espoir était chimérique. Cependant un accord international sur ce point semblerait moins difficile que sur la durée du travail, parce qu'il n'intéresserait pas aussi directement la concurrence, et la réunion d'une Conférence diplomatique pour régler cette durée semblait prête à récompenser la persévérance du gouvernement suisse à la réclamer. Coïncidence bizarre : c'est le lendemain du jour où pour la première fois on avait émis l'idée de proposer ce nouvel objet à la délibération collective des cabinets que l'empereur d'Allemagne, prenant la proposition suisse à son compte, mettait définitivement la question du travail à l'ordre du jour diplomatique[1]. Il en était temps ; de telles questions sont internationales de leur nature : l'accord raisonnable des nations peut seul défendre le consommateur contre les appétits insatiables du protectionnisme, tout en empêchant l'ouvrier d'être broyé sous les meules de la concurrence. Les ouvriers le savaient depuis longtemps ; depuis longtemps ils avaient reconnu, ils avaient proclamé la solidarité de leurs intérêts ; depuis longtemps ils cherchaient à lui créer des organes. Cette solidarité des nations, c'est la vérité, cette organisation de l'humanité, c'est le progrès, et franchement il n'est pas prudent de laisser à la foule ignorante et pauvre le monopole des thèses justes et des nobles causes. Il est toujours bon d'avoir la vérité pour soi, les jugements du grand nombre traduisent ses passions et ses intérêts ; mais si rares qu'ils soient, les jugements dictés par un examen impartial ont le double avantage de converger et de persister, si bien que ralliant peu à peu les neutres, ils finissent presque toujours par décider l'opinion. L'empereur allemand n'a pas pu maintenir la réduction du temps de travail pour les adultes dans le programme de la Conférence de Berlin, mais c'est un progrès immense d'avoir fait reconnaître la qualité internationale des questions ouvrières par la généralité des gouvernements. Encore un coup, la voie est ouverte, on y marchera.

Les mesures tutélaires dont nous venons de parler, la limitation du travail, l'épargne forcée, et d'autres qu'on se risque moins à condamner, même lorsqu'on les élude, les précautions onéreuses pour assurer la salubrité des ateliers et pour empêcher les accidents, par exemple, tout cela paraît dépasser les attributions légitimes de l'État de droit, dont la tâche est terminée lorsqu'il assure la sincère exécution des contrats librement formés. Aussi bien ne saurions-nous les recommander dans une société normale. Mais la société d'aujourd'hui n'est pas normale. L'homme qui n'a que ses bras a besoin de protection, et l'État, qui finalement l'a dépouillé ou qui l'a laissé dépouiller de sa ressource naturelle en sanctionnant l'appropriation du sol, et qui a contribué de mille autres façons à la présente distribution des richesses, l'État lui doit positivement cette protection. Sous une forme quelconque il lui doit une compensation, que les classes favorisées auront à fournir, tout en ménageant autant que possible les rapports de droit existants, et sans troubler ni ralentir le travail de la production. Les modalités du paiement varieront suivant les circonstances et trouveront leur limite dans le possible. Il suffit que la dette soit reconnue, mais il le faut, car si l'État n'était pas débiteur, il n'aurait pas le droit d'intervenir. Dès qu'on assigne pour tâche au pouvoir la réalisation du bien moral ou du bien matériel, on est entraîné par le courant de la logique aux dernières limites de l'omnipotence. Ne nous lassons pas de le répéter : en demandant que la loi s'inspire de la charité, on anéantit la charité sans procurer le bien-être auquel on aspire. L'État qui répond aux besoins de la vie réelle est celui qui peut rester conséquent avec lui-même, c'est l'État de droit, dont l'unique ambition est de faire régner le droit.

Résumons donc en termes précis ce qui paraît être le droit sur l'usage de la propriété et sur ses rapports avec le travail.

---

1. Il était piquant de voir cette initiative ambitionnée avec tant de vivacité par le chef d'un gouvernement dont les plus fervents admirateurs dans l'enseignement universitaire se font un mérite d'avoir substitué une Économique *nationale* à l'Économique cosmopolite des disciples d'Adam Smith.

IX

Le fond de la propriété c'est la liberté, l'homme a droit à son œuvre parce qu'il a droit à lui-même. Propriétaire de son œuvre, il est libre de l'échanger et de la transmettre. Les biens légués sont acquis légitimement pour autant que l'origine en est pure, et les inégalités sociales résultant de l'épargne et de l'héritage doivent être respectées, quels qu'en puissent être les inconvénients.

Les choses de valeur que le travail n'a pas produites ne sauraient devenir la propriété exclusive et permanente d'un seul homme en vertu d'un droit naturel, et l'État, sans l'intervention duquel l'appropriation n'en est pas possible, n'a le droit d'y consentir qu'en indemnisant ceux qu'il dépouille.

Un retour de la terre à la communauté qui ne donnerait pas un instrument de travail aux déshérités ne satisferait pas la justice. En revanche, une combinaison propre à leur fournir cet instrument d'une façon régulière et constante sans ôter la terre à ses possesseurs actuels en remplirait parfaitement les conditions.

En vertu des rapports naturels des hommes entr'eux et avec les choses, tout enfant a droit aux aliments durant son état d'incapacité, droit à l'instruction, droit à l'apprentissage, droit enfin à être mis d'une manière ou d'une autre en état de subvenir à ses besoins par son travail. Ce droit implique une obligation de la famille ou, à son défaut, de l'État. L'appropriation de la terre et d'autres actes émanant de l'État ont consolidé l'existence d'une classe dont les familles ne peuvent pas s'acquitter de ce devoir. Donner aux pauvres la possibilité d'arriver à l'indépendance en leur fournissant les moyens de travailler à leur propre compte serait donc pour l'État une obligation juridique.

Mais l'État est insolvable, et le prolétariat ne saurait obtenir la liberté que de son propre effort ; le rôle des gouvernements se réduit dès lors à solliciter cet effort par l'instruction, puis à régler les conditions du travail salarié de manière à rendre cet effort possible. Il a le droit de peser à cet effet sur des privilégiés dont les avantages résultent partout, pour une part considérable, de son indulgence et de ses faveurs.

Sa légitime intervention n'a point pour objet de réaliser une égalité factice en restreignant la liberté naturelle : mais de restituer cette liberté naturelle à ceux auxquels ses agissements antérieurs l'ont fait perdre, en leur fournissant les moyens de s'attribuer le bénéfice entier de leur travail.

Les socialistes qui, sous prétexte de bienveillance et d'égalité, voudraient dépouiller l'individu des instruments de travail qu'il a faits lui-même, vont contre le droit, et ne peuvent aboutir qu'à d'insupportables tyrannies. Les optimistes qui veulent conserver à quelques-uns la jouissance exclusive du bien de tous et perpétuer l'existence d'une classe condamnée aux travaux forcés pour en enrichir une autre, ferment également les yeux au droit. N'osant plus dire que la terre emprunte sa valeur aux labours qui l'ont épuisée, ils sont réduits à se couvrir contre le genre humain de la prescription, artifice inventé pour avoir la paix. Ils savent que ces arguments n'ont jamais convaincu personne, sinon des gens en quête de raisons quelconques pour justifier un parti pris ; mais ils ne craignent pas d'attiser le feu, comptant pour éteindre l'incendie sur le sang des prolétaires gaîment versé par la main des prolétaires.

La stricte observation du droit dans les conditions du possible est le seul moyen d'accorder les intérêts en conflit, de procurer une existence tolérable à tous ceux qui se soumettent aux conditions de l'existence et de faire sa place à la liberté, qui s'accomplit dans la charité. Le genre humain n'a d'avenir que dans la justice et par la justice. En réclamant la justice, nous pensons servir l'intérêt général, nous nous piquons même de représenter la prudence et le sens pratique.

LA LIBERTÉ POLITIQUE

L'État, quel que soit le nom qu'on donne à la chose, quelque soin qu'on prenne pour la gazer ou pour l'embellir, se trouve toujours en dernière analyse un arrangement par lequel un nombre quelconque de personnes arrive à pouvoir contraindre les autres habitants de faire ce qu'elles ordonnent et de s'abstenir de ce qu'elles défendent. Si l'on voit avec nous dans la liberté personnelle le premier des biens naturels, en tant qu'elle est la condition indispensable et suffisante du seul bien réel, positif, absolu : la bonté, l'excellence morale, le bien, tout court ; on confessera que l'État est un pis-aller, un mal nécessaire, ou pour mieux dire un très grand bien, certainement ; puisque nous tremblons tous à l'idée de passer un quart d'heure sans sa protection dans le voisinage de nos frères ; mais un bien relatif, dont un mal est l'origine ; puisque ce qui se fait sous l'empire de la contrainte ne saurait participer au bien positif, dont le champ se trouve ainsi diminué.

I

Pour échapper à cette conséquence, il faudrait attribuer à l'État une personnalité morale, une conscience morale distinctes de celles des individus qui prennent en son nom des décisions obligatoires à titre de souverains, de fonctionnaires, de juges, de représentants ou de citoyens.

Cette personnification mythologique séduit encore bien des gens, même parmi ceux qui ne gagnent rien à s'y tromper. Toutefois, l'enflure du discours, les superstitions métaphysiques ne sauraient abuser longtemps un esprit ferme qui ne veut pas se payer de mots et qui tient à voir clair dans la vie. Comprenant que tout le domaine où règne la contrainte est perdu pour la spontanéité, sentant bien que d'identifier sa volonté personnelle avec le règlement, la conscience avec la consigne, implique le sacrifice de l'individualité morale et la négation de sa valeur propre, celui-ci voudra borner la compétence des pouvoirs publics au strict nécessaire : le maintien de la paix extérieure et le respect des engagements. Si le pouvoir n'a pas toujours commencé par là, s'il fut un temps où le droit de guerre privée était considéré comme le privilège de tout homme libre, aujourd'hui nul gouvernement n'hésite à s'attribuer ces deux fonctions. La plupart se sont chargés de bien d'autres soins encore ; mais les compétences supplémentaires varient trop d'un pays à l'autre pour qu'il soit possible d'en considérer aucune comme véritablement essentielle, à l'exception toutefois de celles qu'un examen attentif des faits montrerait pratiquement inséparables des offices indispensables et primordiaux.

Dès lors, à ces fonctions normales, dont la nécessité se confond avec la nécessité de l'État lui-même et tient à la condition morale de l'humanité, nous en joindrons une troisième, d'ordre accidentel : la défense du territoire ; parce que dans la division des États, elle est effectivement inséparable des précédentes. Les voies de communication, dont l'utilité principale est économique, servent aux mouvements des armées, et leur bon état facilite la protection de l'ordre public. Sans que cela soit absolument nécessaire, la voirie rentre ainsi dans les attributions régulières du gouvernement. Des considérations analogues s'offrent aisément à l'esprit pour la monnaie et les autres instruments d'échange. Il est permis d'aller plus loin : sans contredire notre conception des justes rapports entre le droit et la morale, entre la liberté personnelle et l'État, on peut admettre en principe la compétence de celui-ci pour réglementer, et par conséquent pour absorber toutes les entreprises économiques où les intérêts particuliers n'entrent pas en concurrence avec d'autres intérêts particuliers seulement, mais avec l'intérêt public ; ainsi les banques d'émission, l'exploitation des canaux, des chemins de fer. L'intérêt du public est d'obtenir au plus bas prix le meilleur service, l'intérêt des entrepreneurs est simplement de gagner le plus d'argent possible aussi longtemps qu'ils le pourront, collision d'intérêts qui se résout en harmonie lorsque le trésor public est l'entrepreneur. Un chemin de fer ne saurait s'établir sans une faculté d'expropriation que l'État confère ; ce n'est donc pas simplement une propriété privée, aussi l'État lui fait-il ses conditions. Sans trop se demander si de telles dispositions s'accordent ou se contrarient, il prétend en même temps limiter les droits de la Compagnie et participer à ses bénéfices. Il dispose absolument du matériel et du personnel pour le cas de guerre. Sa surveillance est de tous les instants, sa responsabilité fort engagée, sans prévenir ni l'exploitation du public, ni la destruction des capitaux affectés à l'entreprise. En principe, il vaudrait donc mieux que la gestion des voies ferrées, comme celle des autres moyens de transport, relevât exclusivement de l'État propriétaire. On objecte que l'État paie toujours le travail qu'il commande plus cher que les particuliers, puis, que sa surveillance est moins sérieuse. Cela n'est pas également vrai de tous les pays. Il en est auxquels leurs lignes procurent de beaux bénéfices, et l'œil du maître n'est pas sensiblement plus éloigné dans le cabinet d'un chef de division ministérielle que chez le directeur d'une compagnie occupant quarante ou cinquante mille ouvriers. Si le contrôle du gouvernement est moins effectif, c'est qu'il y a dans le mécanisme gouvernemental ou dans le personnel en office quelque défaut grave à corriger. Le départ des attributions et des compétences variera donc suivant les circonstances particulières de chaque pays.

L'intervention de l'État est justifiable partout où il s'agit d'un intérêt vraiment public, qui ne saurait être satisfait sans briser quelque résistance des particuliers, ou sans devancer leur trop lente initiative. Mais il ne faut pas que l'État fasse concurrence à ces derniers avec l'argent qu'il prend dans leurs poches ; mais il ne faut jamais oublier qu'à tout élargissement de l'État répond un rétrécissement de la liberté privée, et que si la liberté ne vaut réellement que par son emploi, cependant elle constitue en elle-même un bien supérieur à toutes les commodités matérielles. Tuteur de la liberté, l'État a qualité pour prendre à lui toutes les entreprises qui tendent par la nature des choses à constituer des monopoles, mais il n'est jamais que le tuteur de la liberté ; il n'a jamais charge de réaliser directement le bien positif, ni dans l'ordre moral, ni dans l'ordre économique. Aussi, contrairement à l'opinion du socialisme d'État, la présomption est-elle toujours en faveur de l'initiative individuelle ; et soit prescription, soit entreprise, l'intervention des pouvoirs publics ne peut se justifier dans aucun domaine que par sa nécessité bien démontrée.

II

Les fonctions du pouvoir ainsi limitées, qui donc a qualité pour s'en charger ? — Hors d'une mission surnaturelle, souvent invoquée, mais qu'il faudrait prouver chaque fois à des esprits devenus peut-être exigeants, nous ne saurions où chercher pour le gouvernement une autre base que la volonté nationale. Volonté expresse chez quelques-uns, implicite chez tous les autres, les seuls gouvernements légitimes sont les gouvernements consentis, et tous les gouvernements consentis sont légitimes. Le droit d'un régime politique à subsister et à se défendre ne dépend donc ni de sa forme ni de sa valeur intrinsèque, ou de son fonctionnement plus ou moins correct ; c'est une simple question de fait. Ce qui intéresse les droits de l'humanité, c'est de savoir quelle est la constitution du pouvoir la plus favorable à leur exercice.

Pour assurer la paix, ce qui est la propre fonction de l'État, il est indispensable que chacun sache ce qui est permis et ce qui est défendu. Il faut donc qu'une ordonnance générale, également applicable à tous, détermine les obligations des particuliers et la compétence des fonctionnaires. L'ordre est incompatible avec l'arbitraire ; pour échapper à l'arbitraire, il faut des lois, la première fonction du pouvoir est la fonction législative.

Appliquer ces lois générales aux conflits entre particuliers où l'intervention du magistrat est invoquée, ainsi qu'aux rapports entre les particuliers et l'autorité, voilà une seconde fonction, bien distincte de la première, et qu'il convient d'attribuer à d'autres hommes, parce que la loi n'étant que l'expression de la volonté du législateur, si le législateur l'appliquait lui-même, il se sentirait libre à son égard ; les changements éventuels de son opinion résultant d'un changement dans son personnel ou de toute autre cause se refléteraient dans ses jugements et la loi manquerait de la fixité nécessaire. Nous séparons donc le juge du législateur.

Enfin, il faut pourvoir à l'exécution matérielle des lois et des jugements, diriger la force publique et les travaux publics, en un mot administrer. Ici le nombre des offices se multiplie avec les directions de l'activité, mais le besoin d'harmonie et de contrôle conduit à placer dans les mêmes mains la bourse et l'épée. L'autorité supérieure chargée ainsi de faire exécuter les lois constitue le gouvernement proprement dit. Celui-ci, disposant de la force à l'intérieur, se trouve également appelé à garantir la sûreté du pays, et conséquemment à représenter le pays dans ses relations avec l'étranger.

La distinction des offices législatif, administratif et judiciaire tient à la nature des choses ; leur répartition sur des têtes différentes, plus ou moins ébauchée un peu partout, résulte des causes qui ont conduit à la division du travail dans tous les domaines. Un seul homme ne peut pas tout faire, et celui qui n'a qu'un métier y devient plus habile que s'il en exerçait un grand nombre tour à tour. Ensuite, arrivés à l'idée que les gouvernements sont faits pour eux et que leur véritable raison d'être consiste à procurer la liberté, les peuples, instruits par l'histoire, ont senti le besoin de se prémunir contre le gouvernement lui-même ; ils ont compris que si leurs délégués n'étaient pas contrôlés ils deviendraient aisément des maîtres. Aussi ont-ils chargé ceux-ci de se contrôler les uns les autres, en statuant l'indépendance de chaque autorité supérieure, qui a reçu de là le nom de Pouvoir. Sans que les faits correspondent jamais bien exactement à la doctrine, on parle du pouvoir législatif, du pouvoir exécutif, du pouvoir judiciaire, pour marquer que ces autorités ne sont pas subordonnées les unes aux autres, mais uniquement à la nation.

Nous ne saurions appliquer sans commentaire et sans réserve aux constitutions où existe la séparation des pouvoirs la vieille distinction en monarchiques, aristocratiques et démocratiques, division fondée exclusivement sur le nombre des personnes investies de l'autorité ; puisque chaque pouvoir peut y être organisé suivant un principe différent des autres. Mais cette possibilité théorique n'est peut-être pas, en fait, bien réelle, la constitution de chaque peuple étant dès l'origine ou devenant à la longue l'expression de ses tendances et de son histoire. Aussi nous en tiendrons-nous aux désignations consacrées, qui suffisent à notre besoin. Examinons-les donc dans l'ordre où nous les avons nommées.

III

Que l'origine en soit violente ou pacifique, qu'elle procède d'un développement de la famille, d'un libre choix ou de l'usurpation, la monarchie est sans contredit le gouvernement élémentaire, et dans ce sens le plus naturel. Si l'on ne parvient pas à se mettre d'accord, on cherche un arbitre ; si le danger presse, on choisit un chef.

La monarchie héréditaire a l'immense avantage d'amortir les ambitions et d'assurer la continuité du gouvernement ; mais aussi longtemps qu'elle est vraiment monarchie, c'est-à-dire que la volonté du roi fait loi, les droits des particuliers y restent soumis au bon plaisir. La monarchie tempérée, ou constitutionnelle, repose sur la séparation des pouvoirs. Les corps législatifs, les tribunaux sont indépendants ; l'exécution des lois appartient au souverain, qui choisit librement ses ministres. Sous ce régime, qui est celui de l'Allemagne, les particuliers peuvent être libres, la nation même ne l'est pas, elle ne préside pas à ses destinées, surtout si le droit de faire la guerre rentre dans les attributions du monarque. Le trait caractéristique de cette forme que nous appelons monarchie constitutionnelle ou tempérée consiste donc en ceci : l'approbation des mandataires du peuple est nécessaire à l'établissement de nouvelles lois, le souverain héréditaire est tenu de les observer une fois qu'il les a sanctionnées, mais dans cette limite rien ne l'oblige à régler son administration sur la volonté nationale ; il dispose comme il l'entend des impôts une fois votés et gouverne de la façon qui lui plaît, par les agents qu'il choisit suivant son plaisir et qui ne doivent de comptes qu'à lui.

Lorsque en revanche le chiffre des impôts est fixé périodiquement par le pouvoir législatif, de sorte que la possibilité de gouverner dépend de l'acceptation d'un budget que le Parlement refuserait à tout ministre qui ne posséderait pas sa confiance, c'est en réalité le Parlement qui désigne l'exécutif. Dans ce système, aujourd'hui fort répandu, qu'on nomme aussi fréquemment monarchie constitutionnelle, mais qu'il est beaucoup plus correct d'appeler gouvernement parlementaire, il n'y a proprement plus de séparation des pouvoirs, tout comme il n'y a proprement plus monarchie. Le rôle officiel du magistrat héréditaire qui s'orne des insignes de la royauté s'y borne, en temps calme, à signer ce qu'on lui présente, en cas de conflit entre les pouvoirs, à dissoudre le Parlement, en convoquant les électeurs, s'il les croit disposés à donner raison à son ministère, ou à remplacer celui-ci par les hommes qui possèdent la confiance de la majorité dans les Assemblées. Le prince de Bismarck a raison de penser que la monarchie parlementaire est réellement une espèce de république ; mais cette espèce de république partage avec la monarchie constitutionnelle ou tempérée le bénéfice d'un trait d'union entre les gouvernements qui se succèdent, d'un représentant naturel du peuple vis-à-vis des États étrangers, enfin et surtout elle possède un vivant symbole de la patrie, où l'imagination et les sentiments affectueux des citoyens trouvent un objet personnel capable de les occuper.

Dans les pays qui n'ont pas été trop secoués par les tempêtes révolutionnaires, rien n'est plus populaire que la dynastie, aussi longtemps qu'elle n'a pas trop démérité. Et l'indulgence des peuples est longue. Ceux auxquels le prince donne un bon exemple jouissent d'un privilège dont ils ne sauraient se montrer trop reconnaissants. En revanche, les mauvais exemples venus du trône tendent à corrompre les mœurs plus puissamment peut-être que toute autre cause, et fournissent l'une des objections les plus graves contre ce régime et contre cette étiquette. L'incapacité du prince est un autre inconvénient presque inséparable de l'hérédité, et très aggravé par la coutume des familles souveraines de ne se marier qu'entre elles[1]. Mais ce défaut du régime parlementaire n'est pas bien grave, puisque sans le concours de ministres acceptés du Parlement, le roi ne peut rien faire, sinon peut-être de provoquer un mouvement électoral superflu.

Quel que soit le titre de sa première magistrature et la façon dont on y parvient, ce régime est une aristocratie lorsque le Parlement, dont tout procède, est l'élu d'une ou de plusieurs classes de citoyens, une démocratie lorsqu'il émane de la nation tout entière.

---

1. Reste du paganisme, où les princes étaient considérés comme issus des dieux, cette coutume se justifie par l'intérêt de la paix publique ; mais le danger des troubles que pourrait exciter la jalousie contre les sujets rapprochés du trône est problématique, l'altération des races est un mal certain.

IV

Il est du reste aisé de comprendre que les noms sont peu de chose et ne disent pas toujours l'essentiel. L'aristocratie produira des effets bien différents suivant qu'elle aura pour base des services rendus au pays, des capacités attestées, un privilège de naissance, la propriété foncière ou simplement un certain chiffre de fortune. Mais dès qu'une classe possède un ascendant sans contrepoids dans la république, elle tend à se fermer en changeant en loi l'état de fait, c'est-à-dire à se constituer en caste régnant par hérédité. On peut attendre d'un tel gouvernement l'intelligence des affaires publiques, l'esprit de suite, la modération dans la dépense (car il s'agit pour lui d'être supporté). Le dévouement à la patrie brillera dans son histoire ; mais la patrie à laquelle on se dévouera sera l'aristocratie elle-même ; entre ses mains la chose publique n'est qu'un intérêt particulier. Il convient assurément que les affaires soient dirigées par les plus indépendants et par les plus éclairés, mais il est dans la nature qu'une caste régnante place l'intérêt de sa domination au-dessus de tous les autres intérêts ; aussi le système aristocratique n'est-il point favorable au développement intellectuel des sujets, non plus qu'à leur progrès économique, l'un et l'autre tendant à leur suggérer le désir et à leur fournir les moyens de s'émanciper.

V

La démocratie, où tout l'Occident se trouve emporté, ne réalise pas non plus un idéal irréprochable. Au point de vue du droit pur, il est juste que chacun ait quelque part aux affaires ; mais que chacun y ait exactement la même part que tout autre, cela, la justice ne l'exige pas, ou plutôt elle l'interdit. Dans une société qui s'établit spontanément sous l'empire des lois existantes, l'influence de chaque compagnon est proportionnelle à son apport. Dans les relations privées il est entendu que celui qui commande paie et que celui qui paie commande. Le ménage de l'État démocratique est ordonné bien différemment. Tous les adultes ont part égale, — ceux du sexe masculin naturellement, l'autre se contente de payer et d'obéir, — mais quant aux mâles, l'ignorant compte autant que l'homme instruit, le célibataire autant que le chef de famille, celui qui vit aux gages d'un maître autant que celui qui occupe mille ouvriers, celui qui ne paierait rien à l'État s'il renonçait à l'eau-de-vie autant que celui qui fournit plus au trésor que tout le reste de sa commune, l'infirme de naissance autant que le soldat, et le système ne se tient pas pour achevé si longtemps qu'après avoir purgé sa prison, le condamné ne recouvre pas la plénitude de son droit à gouverner la république.

Sous les climats un peu frais que nous habitons, chacun tire à soi la couverture ; et comme les pauvres forment la majorité, c'est eux qui règlent la dépense. « Tu paies, je commande », est le mot d'ordre. C'est assez dire qu'on ne regarde pas trop à la dépense. Même dans les pays les plus florissants, la condition matérielle du peuple est telle qu'il emploiera toutes ses forces à l'améliorer aussitôt qu'il en aura conçu l'espérance. Impossible qu'il ne finisse par appliquer son droit de suffrage à cet unique objet, bien qu'on ait réussi pendant quelque temps à l'en distraire et à le passionner pour des questions étrangères à son bien-être. Les esprits éclairés ont toujours compris cette vérité ; à l'heure où nous écrivons, l'optimisme le plus obstiné ne parvient plus à la méconnaître. La démocratie n'est donc qu'une aristocratie à l'envers aussi longtemps que, de fait, il y a des classes dont les intérêts permanents diffèrent. À la maison, le riche commande, le pauvre obéit ; au Forum, c'est le contraire. Cette apparente égalité des droits dans l'extrême inégalité des conditions constitue un équilibre tellement instable qu'on peut en prévoir la catastrophe à coup sûr. Et comme le moyen le plus simple de s'enrichir paraît être de se répartir les biens existants, on peut être de même à peu près certain de le voir adopté quelque jour. Il est stupide, mais il est simple : il faut quelque réflexion pour s'apercevoir qu'il est stupide, il n'en est pas besoin pour le juger simple, il sera tenté. On préconise, on introduit déjà certains impôts comme un moyen d'empêcher l'accroissement illimité des fortunes particulières, sans se demander si du même coup on n'arrête pas l'essor de la fortune publique et si les classes pauvres n'en souffriront pas ; ce serait compliquer la question, et la démocratie veut des idées simples. Ainsi le gouvernement du nombre n'est trop souvent qu'un gouvernement d'exploitation et d'imprévoyance. Il puise où il y a de l'eau jusqu'à ce que les fontaines soient taries. On vit au jour le jour. Où le revenu ne suffit pas, on entame le capital. On fait gagner aux électeurs quelques journées en attendant de pouvoir leur offrir mieux ; on fait surtout une bonne part à ceux qui ont l'oreille de l'électeur, à ceux que le flot populaire élève au pouvoir et qui ont le talent de s'y maintenir. Dans les conditions économiques de notre monde occidental, le suffrage universel établit donc l'empire d'une classe sur une autre classe, partout du moins où les inégalités économiques ne dominent pas le suffrage universel lui-même, comme lorsque de puissants capitalistes ou de grandes compagnies industrielles occupent la majorité des électeurs et contrôlent leurs bulletins dans les assemblées primaires.

Le suffrage universel est particulièrement dangereux pour les droits des minorités et des particuliers. Quand l'autorité légale est d'un côté, la force de l'autre le souverain — prince ou patriciat — se sent toujours responsable, il a toujours quelqu'un à ménager, il a besoin d'avoir des partisans dans la masse ; s'il mettait contre lui tout le monde, il serait infailliblement brisé. En démocratie, l'initiative et l'exécution ne font qu'un, le maître n'a rien à ménager, n'ayant rien à craindre : il n'est arrêté par aucune loi lorsqu'il ne lui plaît pas de la respecter. Si fortement qu'il le voulût, il ne saurait se limiter lui-même. Et ce souverain omnipotent n'est pas seulement irresponsable, il est insaisissable ; il n'est pas solidaire de lui-même ; c'est une majorité que l'absence d'un seul peut déplacer, qui se modifie incessamment et dont les membres concourent à la même résolution par les motifs les plus divers, si bien que de ce qu'elle a fait on ne saurait conclure ce qu'elle fera, ne sachant jamais ce qu'elle a voulu faire.

VI

Omnipotence, inconscience, inconsistance, irresponsabilité, sans parler de l'ignorance et de la passion, tel est l'ensemble des garanties qu'offre aux droits comme aux intérêts le régime où notre civilisation plonge tout entière. Elles ne sauraient contenter que des exigences modestes ; mais comme on ne revient pas aisément du suffrage universel, il faut tâcher d'en tirer le meilleur parti possible. À cet effet, il faut l'instruire, et pour l'instruire, s'en faire écouter. Ensuite il faut, dans l'ordre économique, donner au nombre les satisfactions légitimes et prévenir le péril social en substituant l'harmonie à l'antagonisme du capital et du travail dans la production, par les moyens marqués dans un précédent chapitre ou par tels autres qu'on pourra trouver, mais qui seront toujours l'affaire des particuliers plutôt que celle du gouvernement.

Quant aux pays sur la constitution politique desquels la raison peut encore quelque chose, cette raison leur montrera que la nation n'est pas une poussière d'atomes pareils, mais un organisme dont la santé réclame que chacun y soit à sa place et vaque à l'ouvrage convenable à sa position. L'individu qui donne sa voix avec tous les autres n'est représenté que par accident, et par un accident fort rare. Pour exercer l'influence à laquelle il a droit, il faudrait qu'il fût associé dans son vote à ceux dont la culture et l'activité ressemblent à la sienne, afin que tous les intérêts sociaux trouvent dans le parlement des représentants autorisés. Ensuite il serait utile, il serait juste que chacun de ces intérêts y tînt une place proportionnée à son importance, qui ne correspond point nécessairement au nombre de ceux qui s'y rattachent. En effet, l'empire des majorités n'a de juste fondement que dans la justice elle-même, et la justice n'autorise pas le pouvoir à me prendre ce que je n'ai pas entendu mettre en commun. En droit, un homme est l'égal de tout autre, mais ici l'égalité des personnes est balancée par l'inégalité des apports et des responsabilités, parce que l'autorité politique n'est proprement pas un droit. Cette autorité n'est point surtout, comme Rousseau se le figure, l'équivalent de tous les droits : ce n'est, à le bien prendre, qu'un pis-aller, qui tient à la nécessité des lois de contrainte et qui doit être organisé pour le plus grand profit de la communauté. Le nombre ne saurait en lui-même avoir d'autre sens que la force. Mettre la force du côté de la probité et de l'intelligence est le but qui se propose aux combinaisons du législateur. Il convient donc que tous concourent à former la représentation nationale, mais que chacun y contribue proportionnellement à l'importance présumable de son apport matériel et moral dans la société.

Puis, si l'on veut que la nation soit représentée et s'appartienne véritablement, il est indispensable que chaque groupe d'électeurs assez nombreux pour avoir un représentant au Parlement y puisse envoyer l'homme de son choix sans que son élection soit disputée. Hors du système proportionnel, le gouvernement représentatif n'est qu'un mensonge. Avec un seul collège nommant tous les députés à la majorité absolue, et bien discipliné, comme il convient, une seule voix décidera qu'une moitié du peuple sera représentée et que l'autre moitié comptera pour rien. À leur tour les résolutions du Parlement étant prises à la majorité absolue, les élus du quart de la nation pourront donner régulièrement des lois à la nation tout entière. Avec la division des collèges électoraux, c'est bien pis encore : Votant compact, un collège de vingt mille électeurs dont dix mille et un sont bleus et neuf mille neuf cent quatre-vingt-dix-neuf sont verts, nommera vingt députés bleus. S'il n'avait compris que les dix mille bleus, il n'aurait envoyé siéger que dix députés de cette couleur : dès lors, que la minorité vote ou s'abstienne, toutes ses voix, ou plus correctement tous les hommes qui la composent n'en servent pas moins en plein à grossir le nombre de ses adversaires auxquels il permet de vaincre l'opposition des autres collèges. Pour se rendre utiles à leur cause, il ne reste aux verts d'autre moyen que l'émigration ou le suicide. S'ils disparaissaient de la scène, ils feraient perdre dix voix à leurs adversaires ! En utilisant de cette façon les voix des uns au profit des autres, une géographie politique ingénieuse assure à la minorité des citoyens la majorité des représentants, ainsi qu'on le démontre en additionnant les suffrages obtenus par chaque parti dans tous les collèges.

Quand ces artifices de distribution sont pratiqués dans un pays où quelques décisions du Parlement peuvent être soumises à la ratification populaire, la nation désavoue uniformément l'œuvre des hommes que les conventions du langage et les artifices du législateur autorisent à se nommer ses représentants ; de sorte que toute l'habileté de ces derniers s'applique à trouver des biais pour éluder un contrôle dont les résultats sont prévus d'avance. Mais le plébiscite est une lourde machine, dont l'emploi serait dangereux dans un grand pays agité par les passions, et lorsque des législateurs désavoués par la nation s'obstinent à rester en place, leur dignité morale n'en souffre pas moins que leur efficacité politique. Sous l'étiquette monarchique ou républicaine, la liberté n'est pas organisée si la constitution n'offre pas au peuple un moyen simple et régulier d'obtenir la dissolution du Parlement qui ne possède plus sa confiance.

Parlement révocable, collèges électoraux représentant non les habitants d'un coin du pays mais un intérêt national et une idée, en nombre proportionnel à l'importance de cette idée ou de cet intérêt ; représentation de tous les partis dans chaque collège proportionnelle au chiffre de leurs adhérents ; tels semblent être pour une nation les moyens de prendre conscience d'elle-même et de progresser ; telles seraient les bases rationnelles de la constitution d'un peuple libre.

L'égale valeur de tous les suffrages est un trou qu'il faut éviter lorsqu'on le peut encore, mais dont il est malaisé de sortir une fois tombé. L'idée de faire représenter les groupes naturels et non les agglomérations locales se heurte encore à de puissants préjugés. La représentation proportionnelle des opinions, en revanche, est un besoin de la justice dont l'évidence a conquis tous les esprits impartiaux. La conscience publique exige cette réforme et finira par l'accomplir malgré l'opiniâtre résistance de ceux qui ont fondé leur cuisine sur le gouvernement des partis.

LA PAIX

I

L'état de droit consiste en un partage de la liberté, dont l'usage effectif est limité de manière à ce que tous puissent en jouir également. Le droit est donc inséparable de la paix, le droit, c'est la paix. Quel que soit le prétendu droit de la guerre, dont les dispositifs n'ont pas eu jusqu'ici d'effet pratique bien appréciable ou du moins d'application bien conséquente, sauf en ce qui concerne les neutres et la procédure, la guerre est la négation du droit. Affirmer la nécessité de la guerre, prôner la guerre comme une école de vertu, c'est dissimuler sous un préjugé le plus naïf des sophismes : Que les vertus militaires soient indispensables au succès des opérations militaires, nul ne songe assurément à le contester, mais qu'ordonner sans avoir à fournir ses raisons, qu'obéir sans contrôler les ordres reçus soient les meilleurs procédés pour développer les sentiments moraux et pour former des hommes libres, c'est ce qu'il sera certainement moins aisé d'établir. Dans la société la plus pacifique, il ne manquerait pas d'occasions de montrer du courage et de risquer sa vie. Et le fait de risquer sa vie n'a par lui-même aucune valeur ; c'est la chose du monde la plus ordinaire pour ceux aux yeux desquels la vie a peu de prix : on le voit assez par l'incurable imprudence de nos ouvriers. Le mépris de la vie, à le considérer en lui-même serait plus près du vice que de la vertu ; tout dépend du but auquel on la sacrifie : ceux qui la donnent pour sauver celle d'autrui sont des héros ; ceux qui la donnent pour mettre un ruban sur la poitrine de leur capitaine, pour faire obtenir une dotation à leur général, pour ajouter aux sujets du roi leur maître un peuple qui abhorre sa domination ne nous semblent que des niais, sinon des victimes.

Ce sont là des lieux communs sans doute, des banalités, qu'il faudra répéter souvent encore et qui pourtant font leur chemin. La conscience publique se prononce de plus en plus en faveur de la paix perpétuelle, même dans les pays où l'intérêt des classes dominantes étouffe sa voix. Malgré des reculs brusques et douloureux, causés toujours par l'intérêt particulier des individus ou des groupes en possession du pouvoir, l'histoire marche vers la paix. À l'origine des peuples modernes, la souveraineté se confondait avec la propriété du sol et le droit de guerre appartenait à tout homme libre. Les vassaux ont été réduits à la sujétion par l'interdiction des guerres privées et l'État moderne s'est constitué. Le nombre des États souverains, réduit autrefois par des mariages entre familles régnantes, tend constamment à décroître par la fédération et par la conquête. Malgré les souffrances passagères, souvent bien cruelles, qu'entraîne ce travail de concentration, malgré des inconvénients permanents qu'on ne saurait méconnaître, ce mouvement constitue un progrès à bien des égards. Cependant, si, depuis quelque temps déjà, les inconvénients semblent en surpasser les avantages, c'est que la direction du mouvement est défectueuse, c'est que l'idéal véritable est à côté.

La raison d'être de l'État est de faire régner la paix entre les ressortissants du territoire ; mais l'indépendance respective des États s'affirme par le droit de guerre, c'est le sceau de la souveraineté, le joyau le plus précieux des vraies couronnes. Ainsi la pluralité des États souverains est, de nature, en opposition diamétrale avec la raison d'être de l'État.

Il ne faut point s'en étonner, ce n'est qu'un exemple des contradictions qui forment le tissu de notre existence. L'État unique, où l'humanité ne formerait qu'une société soumise à la même loi de contrainte, serait une autre contradiction, pratiquement plus fâcheuse encore. La liberté des citoyens est en effet la raison d'être des gouvernements ; tandis que, monarchie ou république, l'État universel ne pourrait évidemment se maintenir sans exercer une compression rigoureuse, sans user largement des moyens préventifs et sans imposer aux diversités nationales des sacrifices très douloureux. Aujourd'hui déjà bien des États trop petits pour jouir d'une pleine sécurité, sont néanmoins trop étendus pour pouvoir satisfaire aux besoins locaux avec une sollicitude intelligente. Et si, par impossible, l'État unique réussissait à se maintenir, il tomberait infailliblement dans la stagnation. L'émulation et le danger sont les stimulants des progrès politiques.

II

La difficulté serait résolue idéalement par une constitution fédérative, où le gouvernement central serait investi d'un pouvoir matériel suffisant pour faire respecter la paix, mais une confédération n'est concevable qu'entre nations d'une culture à peu près pareille et déjà passablement élevée. On n'y saurait plier toutes les fractions de l'humanité, et même dans notre civilisation occidentale, l'éloignement des continents et l'opposition des intérêts y semblent apporter des obstacles insurmontables. Mot d'ordre d'un parti grandissant, les États-Unis de l'Europe n'apparaissent que dans les vagues perspectives d'un lointain obscur. Les gens raisonnables de profession n'y verront encore aujourd'hui qu'une vaine utopie, mais l'événement a si souvent démenti les prévisions des gens raisonnables qu'il est peut-être prudent de ne pas trop s'engager sur leur caution. Toutefois, il semble à peu près certain que l'opinion réclamera longtemps ce pacte avant qu'il se noue, et l'opinion générale n'en est point encore à le réclamer. Ce que cherchent aujourd'hui les hommes de bonne volonté, c'est un moyen pratique d'assurer la paix sans abaisser l'orgueil des États souverains et sans entamer leur indépendance. De fort honnêtes gens se flattent d'y parvenir au moyen de l'arbitrage, auquel plusieurs cabinets ont recours volontiers depuis quelque temps — le plus souvent pour des objets de minime importance, comme ce différend entre l'Espagne et l'empire allemand au sujet des Carolines, où le grand chancelier s'est fait pardonner tant de choses et s'est acquis le cœur du Saint-Père à si bon marché — ou bien quand l'une des parties sentant son tort et trouvant du péril à le soutenir, cherche un manteau décent pour couvrir sa défaite, ainsi la fière et puissante Angleterre dans la question de l'Alabama. Mais eût-on promis de soumettre ses litiges à l'arbitrage, lorsqu'on croit plus avantageux d'avoir recours à la force, de telles déclarations générales sont vite oubliées. Les bonnes paroles échangées à Paris en 1856 ne gênèrent ni la France ni l'Allemagne en 1870. Depuis que les lignes précédentes ont été écrites, l'Angleterre a fourni par sa conduite vis-à-vis du Portugal un nouvel exemple de la valeur qu'il faut attacher à de telles assurances. C'est qu'aussi entre le Portugal et les États-Unis encore armés et frémissants, la différence est considérable !

Il s'agirait aujourd'hui d'engagements précis et fermes entre des États qui, renonçant sérieusement à disposer des populations sans leur congé, n'envisageraient plus la guerre ni comme une procédure équitable et comme une source de profits légitimes, ni comme un moyen de gouvernement. Provoquer de telles conventions est l'objet principal des sociétés pour la paix, sur le compte desquelles on peut s'égayer à bon marché, mais dont la cause n'est pas moins chère au cœur des peuples.

Dans son vingt-troisième congrès, tenu à Paris le 1er juillet 1889, la Ligue de la paix et de la liberté déclare « que la négociation et la conclusion de traités permanents par lesquels, sous la garantie préalable et réciproque de la plénitude de leur autonomie et de leur souveraineté, deux ou plusieurs peuples s'engageraient à soumettre à des arbitres par eux nommés, en la forme indiquée dans le traité, tous les différends et conflits quelconques pouvant s'élever entre ces peuples, lui paraît la voie la plus sûre et la plus courte par laquelle les nations puissent aujourd'hui sortir de l'état de trêve armée et parvenir immédiatement à la paix et au désarmement. »

Le Congrès international de la paix ne fonde pas ses espérances sur la patrie de son illustre parrain, Emmanuel Kant ; il semble compter davantage sur celles de Benjamin Franklin et de Richard Cobden, enfin, trait à noter, sur celle de l'abbé de St-Pierre, qui est aussi celle de Henri IV,

Ce roi vaillant
Qui sut boire et se battre,

dit la chanson, mais qui savait quelque chose de plus.

De tels compromis perpétuels d'arbitrage pécheraient assurément par défaut de sanction, leurs promoteurs officieux ne l'ignorent pas. Suivant eux, toutefois, « un peuple qui, après avoir signé un traité d'arbitrage se refuserait à exécuter la sentence rendue, serait déshonoré devant le monde et devant l'histoire et perdrait ainsi tout crédit. » Ils estiment d'ailleurs que si trois, quatre ou cinq peuples signaient ensemble une même convention d'arbitrage permanent, « il suffirait d'y introduire une clause de garantie réciproque et solidaire entre tous les contractants pour faire disparaître cette lacune. »

On pourrait aller plus loin. L'auteur d'un cours de droit naturel inédit, un songe-creux probablement, y émet l'idée que pourvu qu'un groupe semblable comprît au moins une grande puissance, ses membres pourraient s'engager solidairement à se soutenir les uns les autres par les armes dans leurs démêlés avec toute puissance qui se refuserait à la constitution d'un tribunal. Ce qu'on ne manquerait pas de reprocher à cette combinaison ingénieuse et ce qui ferait probablement reculer les hommes d'état les mieux disposés, c'est le danger auquel ils exposeraient leur pays d'avoir à se battre, pour l'amour de la paix, dans des querelles dont l'objet ne les toucherait pas directement.

III

Le même inconvénient affecte, à un moindre degré sans doute, le projet acclamé par le Congrès. En invoquant l'arbitrage universel et la constitution d'une Cour internationale, aux sentences de laquelle on garantirait malaisément une sanction, les congrès de la paix nous semblent avoir été l'expression d'un besoin universel plutôt qu'ils n'ont réellement indiqué le moyen d'y satisfaire. Une nuit du quatre août internationale n'y suffirait pas, les difficultés sont plus profondes. Elles résident, ce nous semble, dans la constitution intérieure des principaux États européens. Un soldat de fortune, un aventurier peut seul préconiser la guerre en principe. En comparant l'aspect du monde après une période de guerre ou de paix de quelque durée, il est impossible de méconnaître que les fruits des campagnes les plus heureuses sont pour le peuple vainqueur des fruits empoisonnés. Mais si la paix est le vœu du grand nombre, la minorité qui trouve son compte à la laisser dans l'état précaire, pour la rompre suivant l'occasion, occupe les positions les plus influentes par la constitution même de nos sociétés et tient la décision entre ses mains. Dans les États dont les provinces ne tiennent ensemble que par la compression, une armée permanente est indispensable. L'antagonisme économique, la haine des classes en fait un besoin dans plusieurs autres, sans que cette raison de la maintenir puisse être distinctement avouée. Chaque nation prise à part conserve donc un état militaire par des considérations d'ordre public à l'intérieur, mais l'état militaire de l'une constitue un danger pour l'autre ; et comme il faut justifier aux yeux des populations la façon dont on dispose de leurs épargnes et de leurs personnes, il convient de faire sonner très haut ce danger. Une armée, c'est-à-dire un corps d'officiers, puisque dans notre siècle les officiers sont les seuls militaires de profession, une armée est un corps organisé pour la guerre, dressé pour la guerre, et dont l'intérêt particulier réclame la guerre, qui débarrassera les uns du souci de leurs dettes et d'un incurable ennui, tandis qu'elle promet aux survivants de l'avancement et des honneurs. Demander au troupier de partager notre sentiment sur sa besogne serait exiger de lui plus que ne comporte la nature humaine, et si l'on y parvenait, on le rendrait impropre au service qu'on attend de lui, dans l'état présent des choses, on nuirait positivement à son pays. L'armée est donc fatalement une force qui pousse à la guerre, et les gouvernements qui ont besoin d'une armée sont bien obligés de la contenter quelquefois.

Quant aux pays dont le centre de gravité porte sur une caste militaire, les professions de foi pacifiques de leurs souverains peuvent être sincères au moment où ils les énoncent, elles ne sauraient prévaloir contre la force des choses. En vain de telles puissances se déclareraient satisfaites, leur seule existence est une menace, leurs ennemis héréditaires sont les maîtres-piliers de leur constitution politique, il n'y a pour eux d'alternative qu'entre la guerre et la révolution. En effet, si bien qu'on les ait façonnés, leurs peuples ne supporteraient pas des charges qu'ils sauraient gratuites : la sécurité serait le tombeau du militarisme, et la fin du militarisme serait la fin du gouvernement personnel ; car plus un peuple a soupiré dans les écoles, plus il est entiché de la liberté. Comme quoi le péril de la patrie fait la sûreté du gouvernement. La permanence de la guerre est sans doute économiquement impossible, parce qu'elle suspend le travail, mais la périodicité des guerres est une suite irrésistible de l'existence des armées, de ces armées indispensables, notez-le bien, à la préservation de l'ordre social, constamment menacé par la souffrance, le mécontentement et l'hostilité du prolétariat.

Ainsi le problème international est subordonné au problème politique, et le problème politique inséparable du problème social. La propriété compte sur la caserne pour la protéger contre le socialisme, bien que le socialisme soit dans la caserne, ce qui rend le calcul assez chanceux. Supprimez le danger du socialisme, éteignez la haine des classes en établissant l'harmonie entre les facteurs de la production, et vous n'aurez plus besoin d'armée pour réprimer les troubles à l'intérieur ; la police ordinaire suffira pour garantir l'ordre, et la réduction des impôts compensera le renchérissement éventuel des produits, rançon de la classe ouvrière. Alors la guerre n'étant plus le métier de personne, les partisans de la guerre n'ayant plus d'organisation permanente et ne pesant plus d'un effort constant sur les Conseils, l'antagonisme des intérêts nationaux changera de forme, si bien que l'inauguration d'un arbitrage perpétuel deviendra moins indispensable, tout en cessant d'être impossible.

Les amis de la paix seront donc bien avisés en vouant leur sollicitude aux réformes sociales. Ce chemin n'est détourné qu'en apparence ; c'est le seul qui puisse réellement conduire au but. Les progrès sont solidaires : l'essentiel est d'en comprendre la logique, afin d'attaquer les problèmes dans l'ordre le plus favorable pour en obtenir la solution.

IV

Toutefois, un grand pas serait déjà fait vers l'établissement d'une paix durable du moment où, dans chaque pays, la responsabilité du gouvernement serait assez effective pour que le peuple ne pût pas être jeté dans les aventures sans le vouloir et sans le savoir. La guerre, s'il faut qu'il y ait encore des guerres, ne devrait du moins être engagée que par ceux qui en supporteront les charges quoi qu'il arrive, et non par ceux qui se flattent d'en retirer des avantages personnels. Dans les pays constitutionnels, bien que cette suprême compétence appartienne encore à la Couronne, il est difficile d'entreprendre une guerre effective sans l'aveu du Parlement, et si le Parlement était constitué de manière à représenter vraiment la nation, si le Parlement possédait les moyens d'obtenir des informations certaines, il y aurait déjà beaucoup de gagné. À ce propos, et pour montrer combien les peuples tiennent à la paix, il n'est pas sans intérêt de rappeler que la guerre de 1870, si ardemment désirée par les maîtres dans les deux pays, si sottement engagée par un joueur malade et réduit aux expédients, si soigneusement préparée par l'adversaire qui eut l'habileté de se faire attaquer, ne put être arrachée aux Parlements des pays intéressés que par des mensonges. À la Chambre française, on allégua l'existence de notes diplomatiques d'un caractère absolument offensant qui n'ont jamais été publiées : quand l'opposition voulut les voir, on lui imposa violemment silence. Au Landtag prussien, on fit croire que l'ambassadeur de France, l'homme du monde le moins propre à telle besogne, avait manqué de respect à Sa Majesté dans les jardins d'Ems ou de Wiesbaden ensuite d'un ordre venu de Paris : « Brusquez le roi » telle était, si nos souvenirs sont exacts, la teneur de cette dépêche imaginaire. Enfin à Munich, on alla, pour obtenir le vote, jusqu'à dire que le sol sacré de la Bavière était envahi.

V

Les maisons souveraines, les hommes d'État, les officiers, du maréchal au sous-lieutenant, ont en ces matières des intérêts absolument étrangers au conscrit qu'on mitraille, à la commune qu'on rançonne, au paysan dont on brûle la grange et dont on ravage les moissons. Les sentiments pacifiques dont les cabinets se plaisent à faire montre, et qu'ils nourrissent quelquefois, prévaudraient donc plus aisément dans les résolutions des assemblées représentatives. Cette considération donne un intérêt particulier aux efforts concertés des amis de la paix dans les Parlements de l'Europe et de l'Amérique. Sous le nom de Conférence interparlementaire, une telle société s'est constituée à Paris, le 29 juin 1889, durant l'Exposition où se sont exprimés tant de vœux pies. Cette réunion officieuse d'hommes officiels est un fait sans précédent. Ce n'est encore qu'un petit enfant, espérons qu'il grandira. Aussi pensons-nous bien faire en enregistrant les résolutions arrêtées à Paris par la Conférence interparlementaire.

« 1° Les membres de la Conférence interparlementaire recommandent avec insistance à tous les gouvernements civilisés la conclusion de traités par lesquels, sans porter atteinte à leur indépendance et sans admettre aucune ingérence en ce qui touche à leur constitution intérieure, ces gouvernements s'engageraient à soumettre à l'arbitrage le règlement de tous les différends qui peuvent surgir entre eux.

» 2° Partout où les circonstances paraîtront favorables, comme en ce qui concerne les États-Unis et la France, les États-Unis l'Italie, les États-Unis et l'Espagne, les gouvernements et les Parlements sont instamment invités à ne négliger aucun effort pour arriver promptement à la conclusion de semblables traités. La Conférence est convaincue qu'une fois l'exemple donné il ne tardera pas d'être imité.

» 3° En attendant que des traités permanents embrassant tous les cas puissent être conclus, la Conférence émet le vœu que tous les traités particuliers de commerce, de propriété littéraire ou autres, contiennent une clause spéciale d'arbitrage pour leur interprétation et leur exécution.

» 4° La conduite des gouvernements tendant à n'être de plus en plus que l'expression des idées ou des sentiments manifestés par l'ensemble des citoyens, c'est aux électeurs qu'il appartient de diriger par leur choix la politique de leur pays dans le sens de la justice, du droit et de la fraternité des peuples. »

Des propositions de désarmement adressées par le gouvernement d'un pays à celui d'un autre sentent la menace, malgré l'offre de réciprocité qui en est inséparable ; ce ne saurait être un moyen d'avancer le moment où la paix étant garantie pourra vraiment garantir les droits. Par contre, si, dans telles circonstances données, des motions de ce genre étaient faites par quelques députés influents, avec la certitude qu'à la même heure une motion pareille est mise à l'ordre du jour des Parlements étrangers ; si des traités d'amitié, des projets d'arbitrage perpétuel étaient suggérés sous cette forme, quelque chose de positif et de sérieux finirait peut-être par en sortir. Ceux qu'enchante une noble espérance ont été souvent déçus par l'événement ; mais, nous le répétons de peur qu'on l'oublie, ceux qui n'ont que les mots de chimère et d'utopie à la bouche se sont aussi trompés quelquefois.

VI

L'état militaire qui soustrait au travail quatre à cinq millions d'hommes et qui en lie une douzaine de millions au drapeau, n'est pas seulement ruineux ; il constitue une menace incessante : chacun le sait et chacun le dit tous les jours ; néanmoins, dans notre état social, l'armée permanente est nécessaire au maintien de l'ordre à l'intérieur. Les gouvernements ont donc besoin d'ennemis et s'efforcent de persuader aux populations que leurs voisins sont leurs ennemis. Ils y réussissent encore auprès de ceux auxquels cet antagonisme est profitable et, semblablement, de ceux que l'orgueil national rend insensibles aux intérêts collectifs de l'espèce humaine comme aux devoirs de l'humaine solidarité ; ils ne parviennent plus à convaincre les foules, qui élèvent en tout pays les mêmes réclamations contre l'état social dont le militarisme forme le soutien. Ceux auxquels les aspirations idéales sembleraient devoir rester le plus étrangères, ceux qui sembleraient devoir subir le plus lourdement le poids des préjugés sont les mieux disposés à franchir les barrières artificielles que les intérêts particularistes ont élevées, et à proclamer la fraternité. C'est que le mot dit « en bon français » par le mulet d'un fabuliste :

« Notre ennemi c'est notre maître. »

le fut en si bon français qu'il se comprend aisément dans toutes les langues. Les seuls Allemands qui aient figuré au Congrès de la paix étaient des députés élus au Reichstag par les socialistes. Il serait imprudent de laisser à ce parti l'initiative de toutes les démarches généreuses ; l'opinion finirait par s'abuser sur la valeur des mesures qu'il propose dans l'organisation du travail social. Les petits veulent la paix, ils se tendent la main par dessus la frontière, et le rétablissement du passeport obligatoire n'y fera pas plus que sa suppression. À ceux qui ont fait reposer l'ordre social sur la pointe des bayonnettes, nous dirions volontiers : Prenez garde au bas officier ! Nous dirons aux représentants de tous les peuples : Dans le respect de la liberté, préparez une existence acceptable à la génération qui sort de vos écoles, encouragez les efforts individuels tendant à l'émancipation du prolétariat, organisez la paix à l'intérieur, et le désarmement viendra de lui-même.

Les peuples veulent la paix, ils ont droit à la paix. Les pouvoirs collectifs qu'ils entretiennent par leur travail pour la leur garantir ne doivent pas servir à la rompre. Le droit de conquête est la négation du droit. L'esprit aspire à l'unité dans tous les domaines, et dans tous l'unité vraie embrasse et conserve la diversité. Si pâle qu'en soit encore le crépuscule, la confédération universelle dans l'ordre politique est au bout de tous les efforts désintéressés : c'est l'état social réalisé sans contradiction, c'est le droit prenant corps en fait, c'est la civilisation même, et les peuples qui y font obstacle sont les instruments de la barbarie.

En attendant, et sans rechercher davantage comment l'accomplissement de ce vœu deviendra possible, nous constatons que la paix internationale formant la garantie indispensable de tous les droits comme de tous les intérêts politiques, économiques et moraux des individus et des peuples, la conscience de l'humanité civilisée exige que tous les différends qui pourraient s'élever entre les États soient soumis au jugement de tiers impartiaux.

APPENDICE

EXTRAIT D'UN DISCOURS DE M. FÉLIX BOVET SUR LE RÔLE DE L'ÉTAT DANS LES QUESTIONS DE MŒURS.

Genève 1889.

...Le rôle de l'État n'est pas la *production*, mais la *protection*. Ainsi, dans la sphère des intérêts matériels, il n'a point à enrichir ses ressortissants en leur fournissant du travail, mais on lui demande de protéger leur travail et leur propriété. Dans une autre sphère, il n'a pas non plus à les rendre loyaux, sobres ou patients. Qu'un homme mente tout son saoûl, qu'il se livre habituellement à la colère ou à l'intempérance, cela ne regarde pas l'État. Mais si, dans la colère ou dans l'ivresse, il occasionne un scandale public, s'il maltraite un autre individu ou si, par ses mensonges, il le rend victime d'une escroquerie, alors l'État, dont la fonction est de protéger ses membres les uns contre les autres, ne manquera pas de le punir.

De même, il n'appartient point à l'État d'imposer aux individus la pureté des mœurs et de punir les hommes ou les femmes qui enfreignent les règles de la chasteté. L'État n'a point charge d'âmes et n'a pas à se considérer comme devant être le vengeur de la morale — ainsi que l'ont fait bien des monarques du moyen âge et, plus près de nous, l'illustre et sévère république de Calvin. Il ne doit pas davantage prendre sous son patronage l'incontinence — comme le font actuellement la plupart des États de l'Europe, en érigeant la prostitution en métier, en métier reconnu et imposable, dont ils ne dédaignent pas de dicter les règles et qui contribue pour sa petite part à la richesse publique — disons mieux : en métier privilégié auquel l'État accorde patente, en privant toutefois celles qui l'exercent des droits que nos constitutions garantissent à tous et dont le pouvoir judiciaire aurait seul qualité pour les déclarer indignes.

Les affaires de mœurs, pour autant qu'elles restent des affaires de mœurs et n'empiètent sur les droits de personne, ne concernent l'État en aucune manière. Qu'un homme, non engagé dans les liens du mariage, ait autant de maîtresses qu'il lui plaira, ou (ce qui revient au même) qu'une femme libre de sa personne se livre à plusieurs hommes — autrement dit se prostitue, — cela ne regarde... je ne dirai pas que cela ne regarde personne ! — non, cela regarde tout le monde : chacun a le droit et le devoir de juger — avec charité, il est vrai — au nom de la loi de Dieu ou au nom de la dignité humaine, ces infractions au principe sacré de la pudeur ; — oui, cela regarde chacun, parce que chacun a une conscience ; mais cela ne regarde pas l'État, parce que l'État n'a pas de conscience et ne peut pas en avoir, et que tout ce que nous attribuons, par une dangereuse fiction, à la conscience de l'État, conscience imaginaire et qui, si elle existait, ne pourrait être qu'irresponsable, c'est autant que nous enlevons à la seule conscience qui soit responsable et qui soit réelle, la conscience de l'individu.

Ainsi, pour odieuses que puissent être la prostitution et les diverses infractions aux lois de la chasteté, l'État n'a pas à s'en occuper ; ces lois sont hors de son domaine, elles appartiennent à un domaine supérieur, celui de la personnalité. Mais, si l'État n'a pas le droit — et par conséquent n'a pas le devoir — d'empêcher l'individu d'user et d'abuser des biens qui lui appartiennent comme individu et qu'il ne tient point de l'État — ses propriétés, son argent, ses facultés intellectuelles, sa santé, son corps, son honneur, — l'État, dont l'objet et la seule raison d'être sont précisément la protection des individus, doit déployer toute sa puissance pour les protéger dans un droit plus sacré que tout autre, la libre possession de leur corps et de leur honneur. Ainsi, si la propriété extérieure à la personne est protégée, en tout pays civilisé, non seulement contre le vol par effraction, par force ou par intimidation, mais aussi contre l'escroquerie sous ses diverses formes, la chasteté de l'individu doit être protégée également, non seulement contre la violence, mais aussi contre la séduction au moyen de promesses fallacieuses ou par une tromperie quelconque.

On doit reconnaître que, dans ce qui touche aux délits de la première catégorie, les lois répressives qui existent dans les États civilisés sont suffisantes ou peu s'en faut : des pénalités sévères sont édictées par tous les codes contre quiconque se rend coupable de viol ou d'attentat à la pudeur avec violence. Mais contre les attentats commis sans violence et contre la séduction, quels que soient les moyens qu'elle a employés, il n'y a dans beaucoup de nos législations aucune pénalité, à moins toutefois que la victime ne soit un enfant — au-dessous de quatorze ans, suivant le code allemand, — au-dessous de treize, suivant le code français. Dans le cas même où le dol serait prouvé et où la victime aurait été trompée par une promesse de mariage, le séducteur n'encourrait — du moins en Europe — aucune pénalité ; c'est tout au plus si certains pays ont admis la réparation civile. Si même un tuteur, un instituteur, un patron ou tout autre homme ayant sous sa dépendance une jeune fille de treize ans, abuse de son autorité pour la séduire, — suivant le code français — il n'y a pas là de délit s'il n'y a pas eu de violence[1] !... Et remarquons qu'il y a ici un progrès sensible dans la législation, car avant 1863 le droit de séduire une fille commençait dès que celle-ci avait atteint sa onzième année, et avant 1832 il n'avait pas de limites.

Il est à peine nécessaire de faire remarquer l'inconséquence d'une législation qui autorise à séduire une jeune fille avant qu'elle ait l'âge où il serait permis de l'épouser. « La femme, dit le code civil, avant quinze ans révolus, ne peut contracter mariage. » Qu'un homme éprouve quelque attrait pour une jeune fille qui n'aura pas atteint cet âge, il peut trouver cet article gênant. Mais ce qu'il a de gênant se trouve tempéré par le fait que, si la loi lui interdit de l'épouser, elle lui laisse en revanche toute liberté de la séduire. Il peut l'engager par exemple à se donner à lui en lui promettant mariage pour le moment où elle aura atteint l'âge requis (promesse qui ne le lie point, cela va sans dire). Au point de vue de la loi, son procédé sera correct ; la seule chose que le code ne lui eût pas permis, c'était de la prendre pour femme légitime.

Le code pénal de la Louisiane et celui de l'État de New-York ont remédié, du moins en partie, à cette monstruosité, en qualifiant de délit la séduction sous promesse de mariage. Mais nos législations européennes n'en sont pas là, et voici ce qui en résulte : l'État refusant de faire justice aux filles séduites, les filles séduites prennent de plus en plus l'habitude de se faire justice elles-mêmes. Les « drames du vitriol » sont devenus une rubrique de nos journaux. Et la victime de la séduction qui s'est vengée au moyen d'une bouteille d'acide sulfurique ou d'une décharge de revolver est assez souvent acquittée, aux applaudissements de l'assistance ; de telle sorte que le crime se trouve, comme dans la race des Atrides, n'avoir de correctif que dans un autre crime. C'est un acheminement vers l'état de barbarie, mais c'est inévitable ; car, s'il est fâcheux de ne pas respecter les lois, il est difficile de les respecter quand elles ne sont pas respectables.

Nous estimons que la séduction, quand elle use des moyens qui constituent l'escroquerie, est une escroquerie véritable et devrait être assimilée à ce délit par les lois pénales. Or quels sont les moyens dont l'emploi constitue l'escroquerie ? Ils consistent — d'après le code français et sans doute aussi d'après les autres — à « faire usage de faux noms et de *fausses qualités*, ou à employer des *manœuvres frauduleuses* pour persuader l'existence d'un pouvoir ou d'un crédit imaginaires ou *pour faire naître l'espérance d'un succès ou de tout autre événement chimérique.* » Et le tort fait par le séducteur à sa victime pouvant avoir des conséquences particulièrement graves et onéreuses pour elle, il devrait, nous semble-t-il, lorsqu'il a fait usage de ces moyens-là, encourir le maximum de la peine édictée contre l'escroquerie en général.

Il est évident, en outre, d'après le principe que nous avons posé, que l'État a le droit et le devoir d'interdire le proxénétisme, du moins exercé envers les mineurs, et c'est ce que font en effet nos diverses législations. Mais il est triste de constater qu'elles ne le font que timidement, réduisant pour ainsi dire cette interdiction à un minimum qui la rend jusqu'à un certain point illusoire. Ainsi le code français ne condamne pas d'une manière absolue ce genre de délit, il n'en vise pas les actes isolés et n'en punit que l'*habitude*. (« Quiconque aura attenté aux mœurs en excitant, favorisant ou facilitant habituellement la débauche... », art. 334). On sent tout ce qu'il y a d'élastique dans le mot habituellement, grâce auquel l'article ne menace que ce qu'on pourrait appeler les proxénètes de carrière. Ce mot laisse à l'autorité toute latitude pour user de patience envers ces gens-là et pour ne les poursuivre que quand il lui conviendra. Il dispose d'ailleurs à une grande indulgence envers eux, car on ne saurait regarder comme bien coupable l'habitude d'actes dont aucun pris isolément n'est délictueux. Enfin, un autre défaut de ces lois, c'est qu'elles laissent entièrement hors de cause non pas seulement celui qui aura profité de l'entremise d'un proxénète, mais celui même qui l'aura provoquée et dont le proxénète n'a peut-être été que l'agent[2]. On serait tenté de croire que le législateur a prévu (non sans raison !) certains cas où il pourrait être embarrassant de sévir contre le principal coupable !

Pour tracer les limites du droit de l'État et les faire bien saisir à mes auditeurs, j'ai pensé qu'il y avait avantage à énumérer tout ce qu'elles me paraissent renfermer, et c'est ce que je viens d'essayer. Je dois dire maintenant ce qu'elles excluent, et le sujet dont je viens de parler — le proxénétisme — m'y amène.

Si l'État, qui n'a pas le droit d'interdire la prostitution *individuelle*, pour autant qu'elle n'exerce pas de provocation *directe* dans des lieux publics et qu'elle est sous la garantie de la liberté individuelle et de l'inviolabilité du domicile — si l'État, dis-je, a le droit et le devoir d'interdire l'exploitation de la prostitution par des tiers[3], ce ne sera pas pour violer lui-même les lois qu'il aura faites ou pour accorder à qui que ce soit le privilège de les violer. Il ne faut pas qu'au mépris des constitutions il institue sous le nom de *police des mœurs* une sorte d'aristocratie de bas étage, pouvant se jouer de la pudeur des femmes honnêtes et disposer de la liberté des autres. Il n'a pas le droit d'établir ou de laisser établir des *maisons de tolérance*. Non, dans ce domaine — de même que dans tout autre — l'État n'a jamais rien à tolérer. Quiconque exerce un droit qui lui appartient n'a pas à être toléré, il doit être respecté et protégé dans l'exercice de son droit ; quiconque s'arroge un droit qui ne lui appartient pas n'a point à être toléré non plus, il doit être réprimé et puni. Dans un État régi par la justice, je ne vois pas de place pour la tolérance. Et il serait temps que ce mot disparût de notre langage comme en a disparu le mot de bon plaisir, dont il est le synonyme...

...Ce que nous voulons, c'est que jamais, ni sous prétexte de morale, ni sous prétexte d'hygiène, l'État ne s'écarte de ce qui constitue sa raison d'être, la protection de la liberté des individus — c'est qu'il ne sape pas par la base le principe même sur lequel il repose et dont il est le représentant par excellence, le principe de la justice. Tous doivent être égaux devant la loi en *fait*, comme ils le sont en *droit*.

Je puis terminer ici ce travail ; il a été fait rapidement et sans la préparation nécessaire, et j'aurais désiré en être dispensé. Car à mon avis il aurait dû être fait par un jurisconsulte, et quoique j'aie été inscrit — pour fort peu de temps et il y a longtemps — au rôle des étudiants d'une Faculté de Droit, je n'ai pas poussé mes études beaucoup au delà d'une célèbre définition qui se lit à la première page des *Institutes* : « La justice est une volonté constante et perpétuelle de rendre à chacun ce qui lui est dû. *Justitia est constans et perpetua voluntas jus suum cuique tribuendi.* » Aussi, je n'ai guère su vous donner que des variations sur ce thème. Mais ce thème est moins un lieu commun qu'il pourrait le sembler. Rien de plus ordinaire, il est vrai, que le désir de rendre à chacun ce qui lui est dû ; la volonté l'est déjà un peu moins. Mais ce qui est rare et même rarissime, c'est que cette volonté soit *constante* et *perpétuelle*.

On croit être juste, et même libéral, quand on n'a dans sa constitution qu'une ou deux dérogations au droit commun ou quand, en quelques années passées au pouvoir, on n'a pas fait plus de deux ou trois accrocs à la constitution. Mais la justice qui transige — ne fût-ce que sur un seul point, — la justice qui n'est pas constante et perpétuelle n'est plus la justice, pas plus au sens du droit romain, nous venons de le voir, qu'au sens de la morale chrétienne. Et d'ailleurs, on ne joue pas impunément avec les principes, et une seule exception à la justice en entraîne infailliblement d'autres. Les occasions n'ont pas manqué où nous avons vu des violations de nos constitutions — sous la forme de lois, d'arrêtés ou de protocoles. Nous sommes, grâce à Dieu, un peuple libre (et ce que je dis ici comme Suisse, d'autres peuvent le dire également en l'appliquant à la nation dont ils sont membres), nous sommes un peuple libre et nous nous en réjouissons avec raison. Mais nous avons à nous affranchir de bien des arrêtés ou règlements illégaux, de bien des infractions au droit formulées dans la langue du droit. Quand nous serons arrivés à n'avoir plus de lois d'exception — et, *a fortiori*, plus d'exceptions aux lois —

alors, quand ce jour sera venu, nous serons quelque chose de mieux encore que des citoyens d'un peuple libre, nous serons des hommes libres.

---

1. Ce dernier point a été réformé dernièrement.
2. À vrai dire, il suffirait d'appliquer ici le principe d'après lequel le complice d'un délit est punissable, mais c'est ce que l'on n'a fait que rarement dans le cas dont nous parlons.
3. De même que, sans interdire le jeu, il interdit les maisons de jeu.

NOTE ADDITIONNELLE
AU CHAPITRE IV

Si la Russie et la Suisse restent à peu près seules à méconnaître la liberté religieuse, il convient de faire observer qu'en Suisse, où cette liberté est inscrite dans la loi, il est au moins permis aux particuliers de la réclamer ; plus encore, que les premiers magistrats du pays l'appellent de leurs vœux.

Voici comment s'exprimait, à la tribune du tir fédéral de 1890, M. Louis Ruchonnet, Président de la Confédération :

« Bannie de nos lois, l'intolérance n'a que trop gardé des racines dans nos cœurs. Pourquoi le dissimuler ? Faisons mieux. Apprenons à pratiquer la vraie liberté, qui veut que chacun de nous respecte la croyance d'autrui, comme il désire que la sienne soit respectée. »

Ainsi, des effets pareils sont produits par des causes contraires. Là, la persécution tient à la force excessive du pouvoir central, ici, nous la voyons résulter de sa faiblesse.

Copyright © 2020 par FV Éditions
Couverture : Pixabay, FVE
ISBN Ebook : 979-10-299-1003-6
ISBN Livre broché : 9798694511261
ISBN Livre relié : 979-10-299-1004-3
Tous Droits Réservés

www.ingramcontent.com/pod-product-compliance
Lightning Source LLC
LaVergne TN
LVHW042244070526
838201LV00088B/21